아이슬란드
사람들은
왜 행복할까

아이슬란드
사람들은
왜 행복할까

믿음과 낙천성으로 똘똘 뭉친
작은 나라의 즐거운 라이프스타일

박혜정 지음 | **윤미미** 사진

옐로브릭

일러두기

1. 국립국어원에는 아직 아이슬란드어 표기 규정이 없다. 흔히 영어식 발음을 한글로 옮기는데 이 책에서는 아이슬란드어를 현지 발음에 가깝게 표기하고자 했다. 다만 널리 쓰이는 사전 및 공신력 있는 매체 등을 통해 이미 굳어져 있는 표기들은 현지 발음과 달라도 독자 편의상 채택 했다(예를 들어 'll'은 아이슬란드어에서는 '스틀'에 가까운 발음이지만 Gullfoss, Þingvellir 등은 많이 쓰이는 대로 굴포 스, 싱벨리르와 같이 표기했다). 저자가 제안하는 아이슬란드어 자모별 표기는 책 뒤 부록에 좀더 자 세하게 엮어 소개한다.

2. 빙하, 강, 산, 호수 등의 단어들이 고유 명사에 들어가 있을 경우 아이슬란드어와 한글을 중복 하여 썼다. 가령 싱발라바튼Þingvallavatn 호수의 경우 이미 호수라는 뜻의 '바튼vatn'이 들어 있 지만 독자 편의상 다시 한번 호수를 붙여 주었다.

사랑하는 어머니께
이 책을 바칩니다.

차례

추천의 글

세계에서 가장 북쪽에 수도를 둔 어떤 나라가 우리의 관심을 끌고 있습니다. 바로 아이슬란드입니다. 관심 정도가 아니라 '붐'이 되어 아이슬란드 여행을 숨이 다하기 전에 달성해야 하는 버킷리스트로 꼽아 가며 임무를 완수하기 위해 열심인 분위기입니다. 그러나 단순히 '아름답고 특이한 경치를 가진 나라'로만 알고 아이슬란드에 간다면 정작 중요한 것을 놓칠지도 모릅니다. 아이슬란드에 숨어 산다는 요정들처럼, 우리가 애타게 찾고 있는 '행복'의 문을 여는 비밀 열쇠가 화산암에 피어난 이끼와 함께 그곳에 숨겨져 있기 때문이지요.

저도 그렇지만 저자야말로 '아이슬란드' 때문에 인생이 바뀌어 버린 장본인일 것입니다. 아이슬란드를 제2의 고향으로 삼아 멋지게 살아가는 박혜정 님은, 저를 포함하여 거의 십수 년 전부터 아이슬란드를 갈망해 왔던 이들에게 막연한 동경의 대상이었습니다. 아무리 아름다운 나라라 해도 머나먼 이역만리 타국에서 바이킹의 후손들과 함께 길고 어두운 겨울을 이겨내며 살아간다는 것은 외로움과 시련이 뒤따르는 일이었으리라 짐작할 수 있습니다. 그러나 그런 어려움을 이겨내게 해준 것은 아이슬란드 사람들이 보여준 삶에 대한 희망, 행복의 참된 가치, 그리고 그들과 다른 이방인도 평등하게 가족처럼 대하는 따뜻한 문화 때문이었겠구나 하고 이 책을 읽으며 생각할 수 있었습니다.

아이슬란드를 방문하는 횟수가 늘어날수록 '이렇게 밑도 끝도 없이 매력적인 나라의 실체는 뭘까' 하는 궁금증이 더해 갑니다. 지구 속으로 빨려 들어가는 듯한 하이랜드의 폭포보다도 '행복에 관한 한 우리가 최고'라고 외치는 아이슬란드 사람들의 머릿속이 더 궁금해진 것이지요. 아이슬란드는 그저 자연이 아름다운 나라가 아니라 행복을 가득 담고 있는 나라입니다. 이 책이 아이슬란드에 대해 그리고 '진정한 행복'이란 무엇인가에 대해 궁금해하는 많은 이들에게 훌륭한 대답이 되어 주리라 기대해 봅니다.

—**백경하** 네이버 "카페 아이슬란드" 대표 운영자

머리말

컨베이어 벨트에 실려가듯 고등학교에서 대학교로 옮겨와 2년을 흘려 보낸 뒤, 나는 예기치 않게 아이슬란드를 만나게 되었다. 활동하던 동아리에서 YMCA의 문화 교류 프로그램에 참여할 기회를 얻은 것이다. 교환학생들은 결연 가족의 집에서 무상으로 지내는 대신 용돈 수준의 생활비를 받으며 사회 단체에서 자원 봉사를 하는 프로그램이었다. 그것이 아이슬란드와의 첫 만남이었다.

별다른 특색 없는 섬마을 모범생이었고, 상경해서는 연애와 동아리 활동에 바쁜 보통 대학생이었던 내가 아이슬란드에 가니 갑자기 '독특한' 존재가 되었다. 레이캬비크 중심가를 걷고 있으면 커피숍에 앉은 이들이 신기하다는 듯 나를 쳐다보았다. 여행하다 들른 버스 휴게소에서도 눈길이 쏟아졌다. 친구들은 내 외모를 두고 찬사를 아끼지 않았다. 한국에서는 말갈기 같다고 놀림 받던 굵고 검은 머리카락은 부러움의 대상이 되었다. 작은 눈, 주근깨 앉은 까만 피부는 '아름답다'는 칭송을 받았다. 만나는 이들마다 '예쁘다'고 하였다. 한국에서는 꿈도 꾸지 못할 일이었다. 내 모습은 그대로인데 요정이 휘두른 마술봉에 변신한 신데렐라가 따로 없었다. '짠' 하고 미인으로 변신한 삶을 사는 대신 나는 진실을 깨달았다. 가치는 상대적이라는 것이다. 여기에서 당연하게 인정되는 가치가 저기에서는 전혀 다른 평가를 받을 수 있다. 아름다움의 기준도 그렇지만 노동의 가치 같은 사회적인 관념도 그러했다.

1년간의 문화 교류 프로그램이 끝났지만 나는 아이슬란드에 더 남기로 했다. 그동안 알게 된 현지인들의 도움으로 독립적인 생활을 조금씩 할 수 있게 되었다. 나는 한국에서 입 밖에도 꺼내보지 못했던 미술을 공부하기로 결심했고 레이캬비크 아트스쿨에서 입시를 준비해 아이슬란드 국립예술대학에 합격했다. 일반적으로 아이슬란드 대학은 등록금이 거의 없지만 예술대학은 교육 비용의 10% 정도를 학생이 부담해야 한다. 방학 동안 일을 하면 충분히 마련할 수 있는 비용이었다. 공공이 교육을 책임 질 때 개인은 두 번째, 세 번째 인생의 기회를 맞이할 수 있다는 걸 알게 된 경험이었다.

경제적 독립은 새로운 인생을 위한 첫걸음이었다. 생활비를 벌기 위해 보통의 아이슬란드 청춘들처럼 아르바이트를 병행했다. 흔히들 하는 접시 닦이, 웨이트리스, 공항 청소, 노인시설 간호 보조 등의 일이었다. 파트타임으로 일해도 내 권리는 꼼꼼하게 보호받았다. 15분을 기준으로 아르바이트 시급을 '꺾는' 악덕 기업의 행태가 아이슬란드에는 없다. 일이 없어 근무표보다 일찍 퇴근하게 되더라도 일단 출근을 하면 보장된 최소 근무 시간인 4시간치 급여를 받았다. 크리스마스 같은 휴일에는 수당을 더해 두 배에 가까운 시급을 받았다. 파트타임도 개인 세액 공제, 월세 보조금 같은 혜택을 받았기에 최저임금선까지 일해도 생활은 가능했다.

처음엔 혼자서 발을 디딘 아이슬란드였지만 어느새 내 곁에는 언제든 기댈 수 있는 결연 가족과 친구들이 있었다. 수다를 떨며 마음을 나누는 친구들은 서로를 비교하거나 평가하지 않았다. 나이, 성별, 출신을 따지지 않고 내 목소리를 경청하고 존중했다. 어색하고 불편한 껍데기에 나를 맞출 필요가 없었다. 생긴 그대로 나를 드러내도 버릇 없다거나 나댄다고 하지 않았다. 하고 싶은 일은 하고, 하고 싶지 않은 일은 하지 않았다. 사람들은 서로 적당한 거리를 지키고 불쑥불쑥 무례하게 끼어들지 않았다. 한마디로 아이슬란드에서 나는 평온했다.

아이슬란드와 인연을 맺은 지도 20년이 되어 간다. 세월만큼 변화도 많았다. 왕성하게 사회 활동을 하던 결연 가족들은 노년기를 맞았다. 청년으로 만났던 친구들은 삶의 무게를 무시할 수 없는 중년이 되었다. 내가 처음 발을 디뎠던 시절에는 드물었던 짙은 피부의 외국인들도 이제는 꽤 늘어나 레이캬비크도 한층 다채로워졌다. 태국 음식점 앞에 아이티 커피숍이 생기고, 전국으로 무료 배포되는 영어 주간지가 나왔다. 한국에서는 아일랜드와 혼동할 정도로 별다른 주목을 받지 못하던 이 나라가 종종 일간지에 기사가 실리는 선망의 나라가 되었다.

2015년 나는 tvN의 〈꽃보다 청춘 ICELAND〉 현지 코디를 맡게 되었다. 그때 관광지 소개가 아닌 아이슬란드 사람들의 이야기를 해야겠다고 마음먹었다. 순박하고 정겨운 사람들, 개성과 다양성을 존중하면서도 가족, 친구, 이웃과 따뜻한 공동체를 이루며 사는 이들의 정서를 알리고 싶었다. 그들은 어떤 힘으로 2008년 경제 위기를 이겨냈는지를 전하고 싶었다.

아이슬란드가 한마음으로 경제 위기를 극복한 이야기는 국제적으로 유명하지만 이후에도 진통은 계속되었다. 2008년 경제 위기의 주범이었던 독립당과 진보당은 2013년 총선에서 승리하였다. 연방 내각을 이룬 두 당이 나라 살림을 다시 맡은 것이다. 경제 위기 때의 분노를 사람들이 잊은 듯했다. 그러다 2016년 진보당 소속 총리의 부인이 파나마 조세 회피

처에 회사를 둔 것이 밝혀지면서 국민들은 다시 분노했다.[1] 이 파나마 문서에는 총리뿐만 아니라 당시 재정부 장관이었던 독립당 대표의 이름도 등장했다. 결국 2017년 예정된 총선이 국민 여론으로 앞당겨져 2016년 10월에 치러졌다. 그러나 결과는 의외였다. 문제의 당 대표가 이끈 독립당이 최다 의석을 가져간 것이다. 이 글을 쓰는 2016년 말, 신선한 정치를 표방하는 신생 정당들이 연정 내각을 구성한다 하더라도 강력한 힘을 행사하기는 힘든 모양새다(실제로 이후 독립당 중심의 내각이 구성되었다). 조기 총선 결과가 발표되고 바로 이틀 후엔 국회의원의 급여가 초등학교 교사만큼 올랐다는 사실이 언론에 알려졌다. 지난 3년간 아이슬란드 전체 임금 상승률은 29%였는데, 고위 공직자(장관, 총리, 국회의원, 대통령, 주교와 같이 직접 연봉 협상을 하지 않는 공직자)들의 급여는 같은 기간 75%나 증가했다. 이렇게 여전히 답답한 현실도 있다.

아이슬란드에 살면서 한국과 다른 사회상에서 몇 가지 깊은 인상을 받았다. 입시 경쟁이 없는 교육 제도에서 아이들이 서로 다른 개인으로 성장하는 모습이 가장 먼저 눈에 들어왔다. 자존감을 위협하는 경쟁 체제가 아니니 아이들은 비교 의식에 시달리지 않고 자기 내면의 목소리를 무시하지 않는다. 이렇게 자신을 존중하는 만큼 남을 존중할 줄 안다. 고등학교 졸업 후 대부분 대학에 진학하는 우리나라와 달리 아이슬란드 청소년들은 일찍 노동 시장에 진입하여 자신의 삶을 스스로 책임지는 독립적인 삶을 배운다. 대학 졸업장이 선택의 문제이지 필수가 아닌 것은, 일한

---

1   당시 아이슬란드의 총리 시그문두르 다비드 군뢰이손Sigmundur Davíð Gunnlaugsson은 스웨덴의 한 매체와의 영상 인터뷰 도중 자신이 파나마와 관련이 있으며 이를 숨겨 왔다는 사실을(어처구니 없게도) 들킨다. 모든 재산과 개인적 이해관계를 의무적으로 밝혀야 하는 국회의원과 장관들의 수장급인 총리가 고부담 고복지의 사회적 합의를 전면에서 배신했던 것이다. 저녁 뉴스 시간에 이 인터뷰가 나가고, 바로 다음 날인 2016년 4월 4일 아이슬란드 역사상 최대 시위가 일어났다. 2만2천 명이 의회 앞 광장에 모여 군뢰이손의 사퇴를 요구했다. 4월 6일 군뢰이손은 총리직을 사퇴했다.

만큼 정당한 보수를 받는 노동 시장이 잘 갖추어져 있기 때문이 아닐까.

다음으로는 보편적 복지 시스템의 위력을 보았다. 아이슬란드는 탄탄한 사회 안전망이 있었기에 경제 위기를 길 이겨낼 수 있었다. 경제 위기때도 극단적인 가난으로 인한 자살은 찾아볼 수 없었다. 또 가족과 친구들이 만든 관계의 안전망이 잘 작동한다. 나를 믿고, 내 반려를 믿고, 가족, 친구, 이웃, 사회를 믿는 아이슬란드 사람들은 어떤 문제든 결국엔 잘 해결될 것이라 속 편하게 말한다. 복지란 세금과 혜택이라는 산술 개념이 아니다. 복지는 사람과 사회에 대한 믿음을 위한 초석이다. 함께 사회 안전망을 만들고 그 혜택을 누리니 경쟁이나 불신보다는 믿음이 더 큰 힘을 발휘할 수 있다.

아이슬란드가 풍요로운 또 하나의 이유는 창조적 에너지로 끓고 있는 문화다. 33만 명 인구가 모여 사는 이 나라에는 끊임없이 새로운 밴드가 생겨나고 지역마다 페스티벌이 넘친다. 해마다 11월 초면 전 세계 사람들이 아이슬란드 에어웨이브스Iceland Airwaves 뮤직 페스티벌을 즐기기 위해 모인다. 시내 가로수에는 누군가가 화사한 뜨개옷을 만들어 입혀놓는다. 어둡고 심심한 북유럽의 겨울밤은 이런 에너지로 환하게 뜨거워진다.

나는 문화의 힘을 믿는다. 문화의 다양성이 전파되고 실천될 때 비로소 변화가 생긴다고 믿는다. 아이슬란드의 라이프스타일과 사고방식을 소개하는 이 책을 통해 문화적 만남이 일어나기를 바란다. 인구 33만 명의 아이슬란드와는 비교할 수 없이 복잡다단한 한국에 살고 있지만, 그들에게 배우고 취할 것이 있다고 믿는다. 나만의 개성으로 오늘의 삶을 선택하는 사람들이 많아졌으면 좋겠다. 내가 남과 다른 것은 불안해할 일이 아니라 오히려 자랑스러워하고 스스로 칭찬할 일이다. 미디어에 잘 노출되지는 않지만 우리 사회 구석구석에도 흥미진진한 활동을 이어가는 음악인, 창작자, 예술인들이 있다. 이들을 통해 우리 일상이 풍부해지면 좋겠다. 하지만 무엇보다 이 책을 읽은 분들이 스스로에게 '노오력하라'며 채찍질하는 걸 멈췄으면 좋겠다. 쉬어가는 순간을 당당하게 선언할 수 있다면 더더욱 좋겠다. 해내야 하는 일들로 점령당한 우리의 시간에 저항하며 가끔은 일손을 내려놓자. 그리고 평소 읽고 싶었던 소설을 펼쳐 보자. 예전에 비해 내가 조금 게을러진 듯하다며 누군가 잔소리를 한다면 대답은 준비되어 있다. "아이슬란드 식입니다."

아이슬란드를 소개합니다

북위 63도에서 66도 사이, 북대서양 한가운데 아이슬란드가 있다. 그린란드와 290킬로미터, 북유럽에서 가장 가까운 나라 노르웨이와는 970킬로미터나 떨어져 있다. 이름은 얼음 나라지만 남쪽에서 올라오는 걸프 해류 덕에 연중 기온이 섭씨 2-5도로 얼음이 얼지 않는 날씨다. 여름은 서늘하고(6월 평균 9-12도) 겨울은 위도에 비해 온화한 편이다(1월 평균 0도-영하 2도). 물론 해발 400미터 이상의 하이랜드는 1월이면 영하 2-8도까지 내려가기도 하고 바람이 세게 불면 체감 온도가 급격하게 떨어진다.

아이슬란드는 약 2천 4백만 년 전 거대 해저 산맥인 대서양 중앙산령 중 일부가 수면 위로 솟아 만들어졌다. 원래 하나로 붙어 있던 북아메리카 대륙판과 유라시아판이 떨어지면서 땅이 갈라졌고 그 사이를 뜨거운 맨틀이 메웠다. 맨틀은 해저 바닥에서 약 3천 미터 높이까지 거대 해저 지각oceanic crust을 형성했다. 면적이 35만 제곱킬로미터나 되는 거대 해저 지각 중 유독 아이슬란드만이 수면 위로 솟아난 이유는 그 지점 아래 열점hot spot이 있기 때문이다. 열점이란 뜨겁고 밀도가 적은 하부 맨틀이 기둥처럼 상승하며(맨틀 융기) 마그마 활동이 지속적으로 발생하는 지점이다. 약 6천 5백만 년 전부터 활성화된 아이슬란드 맨틀 융기는 해저 지각을 수면 위로 상승시켰다. 엄청난 양의 맨틀이 외부로 솟구쳐 나왔고 지난 6천 5백 년 간 그린란드, 아이슬란드, 스코틀랜드를 잇는 2천 킬로미터 곳

곳에서 화산이 터졌다. 지금도 바트나요쿨 빙하 아래 아이슬란드 맨틀 융기가 위치하여 아이슬란드는 이들 세 나라 중 유일하게 화산 활동이 왕성하게 일어난다. 화산 아래 끓고 있는 마그마로 인해 땅에는 지열이 풍부하다. 서늘한 공기 아래 뜨거운 온천이 솟구친다. 머리는 차갑고, 가슴은 뜨거운 나라다.

개척자들

874년, 노르웨이 왕권을 피해 달아난 일단의 바이킹들이 이 화산섬에 정착했다. 아이슬란드 개척자 잉골부르 아르나손Ingólfur Arnarson은 가족과 함께 커다란 배에 가축을 싣고 신세계를 찾아 나섰다. 마침내 시야에 육지가 들어오자 잉골부르는 자신이 앉았던 나무 의자의 기둥을 바다에 던지며 신께 외쳤다. "이 나무를 해안에 닿게 하신다면 거기서 살겠나이다." 해안가로 쓸려온 나무를 찾은 곳이 바로 레이가비크Reykjavik나. 잉골부르가 이름을 붙인 것으로 알려진 레이캬비크는 연기Reyk가 나는 만Vík이라는 뜻이다. 땅에서는 연기가 났다. 뜨거운 물이 거저 나오는 땅에서 개척자들은 하늘이 축복해 주는 듯 기뻤을 게다.

정착민들은 민주주의 형식의 연방 제도Commonwealth를 설립한다. 중앙집권적 왕권을 피해 신세계를 개척한 이들답게 나라도 힘을 나누어 운영했다. 잉골부르가 섬에 정착한 지 반세기가 지난 930년, 36개의 연방(Goðorð, 고드오르드)을 대표하는 수장(Góði, 고디)들은 싱벨리르Þingvellir에 모였다. 이들은 이 자리에서 법을 제정하고 죄인을 어떻게 처벌할지 논의했다. 이것이 첫 의회였다. 지금도 아이슬란드에는 내각책임제가 작동하고 있으니 아이슬란드 의회는 현존하는 가장 오래된 의회다. 주민의 의견이 그들의 대표를 통해 반영되는 의회가 시작되면서 황금 시대가 이어졌다. 하지만 연방 제도 말기에는 권력 집중의 문제로 갈등이 생겨났고 전쟁이 발발했다. 의회는 1246년 노르웨이의 하콘 4세를 아이슬란드 왕으로 인정하는 조약에 날인하며 스스로 독립을 포기한다. 이후 아이슬란드는 노르웨이 왕을 섬겼지만 그러면서도 약 500년 동안 의회를 유지했다.

아이슬란드 독립의 역사

1523년, 칼마르Kalmar 동맹으로 맺어진 노르웨이, 스웨덴, 덴마크 3국연합이 해체되면서 아이슬란드는 덴마크령이 되었다. 덴마크 왕은 1799년 아

이슬란드 의회 해체를 명했다. 유럽에서 공부한 아이슬란드 민족주의자들을 중심으로 독립을 향한 열망이 뜨거워져 갔고 의회가 중단된 지 45년 만인 1844년, 의회가 재개되었다. 이때 활동했던 아이슬란드 독립의 대표적인 아이콘 욘 시구르드손Jón Sigurðsson을 아이슬란드 사람들은 지금도 첫 대통령이라고 부른다. 재개된 의회는 레이캬비크로 자리를 옮겼다. 돌을 하나 하나 네모 반듯하게 잘라 의회 건물을 세웠다. 바로 어스투르벨리르Austurvellir 광장에 있는 의회당 건물이다.

아이슬란드는 오랜 기간에 걸쳐 국가의 권리를 하나씩 회복함으로써 평화적인 독립을 쟁취했다. 1874년에 아이슬란드 의회는 헌법을 제정하여 자신의 문제를 덴마크와 함께 결정할 수 있는 법적 지위를 얻었다. 1904년에는 내무부 장관 선출로 자치권을 얻어냈다. 그리고 1918년에는 연합법Act of Union을 통과시켜 자치국이 된다. 그러나 1940년까지라는 유효

기간이 있었고, 여전히 덴마크 왕을 아이슬란드의 왕으로 유지하는 조건
이었다. 국제 정치에서는 중립국 지위를 표명하고 외교와 국방 문제를 덴
마크에 의존했다.

　1940년 4월 9일 나치가 덴마크를 함락하자 아이슬란드 의회는 1943
년까지 수정하기로 했던 연합법을 전면 재검토하였다. 이미 1908년에는
레이캬비크의 첫 시장이 선출되었고 1911년 아이슬란드 국립대학이 설
립되었으며 1915년에는 아이슬란드 국기를 만들었다. 국민들은 덴마크와
완전 결별을 원하고 있었다. 드디어 1944년 아이슬란드는 선거를 통해 덴
마크 왕이 아닌 아이슬란드 대통령을 선택한다. 이것이 아이슬란드 공화
국Republic of Iceland의 탄생이다.

레이캬비크 발전사

1783년 라키Laki 화산이 폭발한 이후 한파와 전염병이 닥쳐 당시 아이슬
란드 전체 인구의 20%인 1만여 명이 희생되고 가축의 50%가 사라졌다.
절체절명의 위기 속에서 아이슬란드 사람들은 새로운 삶의 방식을 찾고
있었다. 공예가, 상점 직원 등의 일자리를 찾아 레이캬비크로 사람들이
유입되기 시작했다. 역사학자들은 무역권이 생기기 전 레이캬비크에는 약
170명이 거주하고 있었다고 한다. 그러나 아이슬란드 남서부 지역에서 유
일무이한 상권이었던 레이캬비크는 이후 아이슬란드의 수도가 될 정도로
성장한다.

　1786년에는 아이슬란드와 덴마크의 독점 무역이 폐지되었다. 덴마크
왕은 레이캬비크를 포함한 6개 지역을 선정하여 외국과의 무역권을 부여
했다. 레이캬비크 항구에서 양모 제품, 로프용 삼, 생선 등이 노르웨이, 덴

마크 지역으로 수출되었다. 무역이 활발해지자 노르웨이, 덴마크 상인들이 레이캬비크 시내에 자리잡기 시작했다. 항구 근처 하프나르스트라이티Hafnarstræti 거리에 목조 건물들이 연이어 들어섰다. 그래서 레이캬비크 시는 무역권이 생긴 1786년을 시의 설립 연도로 보고 있다.

레이캬비크는 제2차 세계대전이 끝나갈 무렵 비로소 도시의 면모를 갖추기 시작하게 된다. 1940년 세계대전 중 영국군은 아이슬란드를 점령했다. 이들은 문이 활짝 열린 마당에 발을 딛는 것처럼 쉽게 아이슬란드를 차지했다. 냉전을 핑계로 아이슬란드를 떠나지 않고 버티던 연합군 기지는 이 도시에 여러 모로 막대한 영향을 끼쳤다. 수천 채의 군대 막사가 설치되고, 군수물자 수송을 위해 수드란스브뤄이트Suðurlandsbraut와 같은 큰 도로를 깔고 공항을 짓기 시작했다. 전 세계 여느 국가들처럼 대공황을 겪고 있었던 당시 아이슬란드 경제는 토목 산업을 통해 빠르게 회복되기 시작했다. 일자리를 찾아 사람들이 물결처럼 레이캬비크로 몰려들었다. 영국군이 아이슬란드를 '침략'한 지 20년 만에 레이캬비크 인구는 60% 증가하며 빠르게 도시화되어 갔다. 1950년에는 국립극장이 신축되고, 아이슬란드 심포니아 오케스트라가 연주를 시작했다.

'걱정 없는 나라'를 만든 복지 시스템

아이슬란드를 한마디로 소개한다면 "모두가 걱정 없는 사회를 함께 만들자는 사회적 합의가 이루어진 나라"다. 북유럽 복지 체계가 그렇듯 포괄적이면서도 세세한 시스템을 자랑한다. 모두가 세금을 내고 모두가 그 혜택을 누린다. 2015년의 경우 복지 예산은 정부 전체 예산의 46%였다.

포괄적 복지의 위력을 볼 수 있는 대표적인 예가 건강보험과 기초노령연금이다. 6개월 이상 아이슬란드에 법적으로 거주한 사람은 모두 건강보험에 자동 가입된다. 고용 여부와는 관계가 없으므로 직장보험, 지역보험 구별이 없다. 본인부담금에는 상한제가 적용된다. 개인이 일정 금액 이상의 의료비(진료비, 약제비, 재활치료비 등)를 한 해 동안 지출했다면 소득에 따라 초과 지출분을 환급해 준다.[2] 중병에 걸려 파산할 일도, 따로 입원비를 보장받는 실비보험에 가입할 일도 없다. 건강보험 하나면 충분하다.

16-67세 사이에 최소 3년 동안 아이슬란드를 법정 거주지로 두고 거주한 67세 이상의 노인은 기초노령연금을 받는다. 40년 거주를 기초연금액 100% 수령 조건으로 보고 거주 기간에 따라 비율로 계산한다. 예를 들어 4년 동안 아이슬란드에 거주했다면 10%에 해당하는 연금을 받을 수 있게 된다. 호화로운 생활까지는 아니겠지만 걱정 없이 노년을 보낼 수 있다. 그 밖에 학교와 가정에서 모든 사람이 복지 혜택을 공평하게 받는다. 걱정 없이 아이를 낳고, 등록금 걱정 없이 학교에 보낸다. 경제적 약자인 한부모 가정, 장애인, 노인들이 배려 받는 사회다.

아이슬란드에서 가난한 이들을 사회적으로 도왔다는 기록은 연방 시대(930-1264)에서도 찾을 수 있다. 정식 사회보장법을 마련하고 사회보장관리청을 설립한 것은 1936년으로, 다른 북유럽 국가들보다 다소 늦다. 출발은 늦었지만 이웃 나라들에 뒤처지지 않는 복지 체계를 갖추고자 관련법 개정과 기금 확대를 부지런히 해 왔다. 1947년에는 산재기금을 전면 확대하고 출산장려금, 미망인 보조금 등을 보장하는 개정법을 실시했

---

2 소득이 커질수록 환급금이 상대적으로 줄어든다. 가령 개인의 연간 소득이 210만 크로나이면 소득의 0.7%를 넘는 의료 비용의 90%를 환급받는다(210만-280만까지는 75%, 280만-400만까지는 60%).

다. 1955년에는 실업기금을 조성하였고 유아수당을 법적으로 보장했다. 1971년, 사회보장관리청은 기초노령연금과 16세 이하 국민의 장애보조금을 지급하기 시작했다. 이때부터 소득에서 따로 연금을 모으지 않은 국민들도 노후를 보장받을 수 있게 되었다.

남녀가 가장 평등한 나라

세계경제포럼WEF의 조사에 따르면 아이슬란드는 7년째(2016년 기준) 전 세계에서 남녀가 가장 평등한 나라다. 교육, 건강, 정치, 경제 부문에서 145개국 중 가장 성별 격차가 적은 나라로 조사되었다. 유엔이 여성의 해로 선정한 1975년, 아이슬란드 여성들은 10월 25일 하루 일손을 놓았다. 그날 하루 신문이 나오지 않았고, 전화 연결도 되지 않았다. 비행기도 뜨지 않았다. 파업에 참여한 2만 5천 명의 여성이 라이캬토르그Lækjatorg 광장에 모였다. 당시 여성 노동 인구의 90%가 파업을 했다고 한다[3]. 그로부터 일 년 뒤 의회는 남녀평등보장법을 제정하였다. 1980년에는 홀로 아이를 기르며 텔레비전에서 프랑스어를 가르치던 유명 여성 방송인이 대통령에 당선된다. 바로 아이슬란드의 4대 대통령 비그디스 핀보가도띠르Vigdís Finnbogadóttir다. 여권 신장 운동의 성과는 1981년 육아휴가 확대로도 이어졌다. 직장 여성들에게만 주어지던 육아휴가가 전업주부에게까지 확대되었다.

또한 아이슬란드는 아이들을 걱정 없이 맡길 수 있는 교육 시스템을

---

3 www.theguardian.com/world/2005/oct/18/gender.uk

구축하여 여성들의 사회 생활을 보장하였다. 출산과 육아로 인한 여성들의 경력 단절은 없다. 유치원은 법정 교육 기관으로, 만 12개월부터 6세 아동의 약 83%가 하루 7시간 이상을 유치원에서 보낸다. 그만큼 여성의 사회 활동도 보장되어 아이슬란드 여성의 79.3%(2015년 기준)가 경제 활동에 참여하고 있다. 남성의 경제 활동 참가 비율은 87.7%이니 기회의 평등이 비교적 잘 실현되고 있는 셈이다.

　이러한 기회의 평등은 경제 성장에도 기여한다. 2016년 기준 아이슬란드의 일인당 GDP는 4만 2천 달러가 넘는다. 아이슬란드의 부부 합산 주간 노동 시간은 78.9시간(Eurostat 2013, 남성 47.3시간 여성 41.6시간, 풀타임 기준)으로, 맞벌이를 하니 살림도 넉넉하다. 복지는 수혜가 아니라 사회적 투자라는 아이슬란드 복지 정책의 철학이 맺은 열매다.

교육

1907년 아이슬란드 의회는 아동 교육을 의무화했다. 이때 아동의 의무 교육 기간이 당시 4년에서 10년으로 늘어났다. 초등 의무 교육 10년을 마친 아동은 4년제 고등학교인 멘타스콜리Menntaskóli로 진학할 수 있다. 16세에 멘타스콜리에 진학하면 졸업할 때는 20세 청년이 된다. 멘타스콜리를 다니는 대부분의 학생들은 학기 중에도 아르바이트를 한다. 일반적으로 초등학교 고학년 때는 지방자치단체에서 마련해 주는 여름방학 아르바이트를 하다가 고등학생이 되면 주말 동안 식당, 카페, 서점, 노인시설 등에서 일한다.

　18번째 생일을 맞은 청소년은 법적으로 성인이 된다. 조금은 어린 초보

어른이다. 아직 술은 살 수 없지만 자동차와 집은 살 수 있다. 아이슬란드 사람들은 자동차를 매우 좋아하는데 자가용으로 등하교를 하는 고등학생들이 많다. 척박한 땅을 개척한 조상들의 근면성을 물려받아서인지 내부분의 고등학생들은 학교를 다니면서 경제적 독립을 준비해 간다. 시급이 높은 덕에 부지런히 모으면 20세 전에 독립하기도 한다. 물론 부모의 도움을 여러 모로 받기는 한다. 하지만 사회적 지원을 학습하고 이용하면서 초보 딱지를 하나둘 떼어 간다. 가령 독립하여 주거 공간을 임대하면 지방자치회에서 임대료 보조금을 받을 수 있다. 임대료 보조금은 월 임대료와 소득, 육아 여부를 종합적으로 반영하여 결정된다. 아이가 없다면 매월 한화로 21만 원 정도를 지원받는다.

노동과 세금

매년 고용노동부에서 최저임금을 결정하는 한국과 달리 아이슬란드는 법정 최저임금을 정하지 않는다. 노동조합과 기업 단체, 정부 소속 중재위원회가 임금 협상을 한다. 최저임금은 직종에 따라 다르다. 아이슬란드 노동연합ASI의 예를 들어 보자. 11만 5천 명 노동자의 목소리를 대변하는 ASI는 5개 노동연맹, 50개 노동조합이 연합한 단체다. ASI 산하에는 육체 노동자와 서비스업 종사자들의 연맹 SGS가 있다. ASI는 SGS 노동자들의 2015년 최저임금을 월 24만 5천 크로나로 협상하였다. 주당 근무 40시간 기준이다. 이 금액을 시급으로 계산하면 한화로 약 1만 4천 원이 된다. 주말에 커피숍에서 아르바이트를 하는 학생들의 시급이다.

아이슬란드에서는 고용 형태와 상관없이 모든 노동자가 임금의 4%

에 해당하는 연금기금(pension fund, 우리나라의 고용보험, 산재보험, 국민연금을 포괄하는 개념)을 낸다. 고용주는 피고용인을 위해 8%의 연금기금을 낸다. 즉 급여의 12%가 연금기금으로 적립된다. 여기에는 정규직, 비정규직 구분이 없다. 주당 40시간을 100% 기준으로 잡고 주당 근무시간을 비율 계산하여 납부액을 계산한다. 주당 10시간, 즉 25% 이상 3개월 넘게 일했다면 실업급여를 받을 수 있다. 실업급여액도 노동 시간에 따라 비율 계산한다.

복지 체계의 근간인 소득세 제도를 보자. 아이슬란드에서 소득세 구간은 3단계로 나뉜다. 월 소득 336,035크로나 이하는 37.13%의 세금을 낸다. 336,036-836,990크로나는 38.35%, 836,990크로나 이상은 46.25%를 낸다. 이렇게 계산되는 소득세에서 개인 세액 공제를 받는다. 2016년 개인 세액 공제는 매월 51,920크로나다. 매월 한화로 약 50만 원의 세금이 공제된다. 이렇게 하면 높은 세율을 보편적으로 적용하면서도 저소득자들은 상대적으로 적은 세금을 내게 된다. 학업과 일을 병행하는 경우 세금을 내지 않는 선까지만 일하는 경우가 많다. 낮은 임금을 받는 비전문직 노동자들 역시 많은 세금을 부담하지 않는다.

재생 에너지 선진국

아이슬란드에선 물과 빛 같은 원초적 에너지가 일상에 영향을 미친다. 빼놓을 수 없는 것이 하나 더 있다. 불이다. 아이슬란드는 태생부터 불과 분리될 수 없는 섬이다. 화산 활동이 활발하고 땅 밑에는 마그마가 끓고 있다.

부글부글 끓는 마그마가 차곡차곡 쌓여 만들어진 아이슬란드에는 전국 곳곳에 지열이 풍부하다. 이 지열을 난방에 사용한다. 한국에서 추운 겨울

동안 주택을 데우는 보일러가 아이슬란드에는 없다. 대신 가스관처럼 집집마다 뜨거운 물을 나르는 난방 파이프가 연결되어 있다. 아이슬란드 도로를 다니다 보면 옆에서 같이 달리고 있는 대형 파이프를 쉽게 볼 수 있다. 바로 온수 파이프다. 1908년 한 농부가 온천에 파이프를 연결하여 자신의 집을 데운 것이 그 시작이었다. 레이캬비크 지역은 1930년부터 지열 난방 시스템을 구축했다. 1970년대 전 세계를 강타한 오일 위기가 발발하자 아이슬란드 정부는 전 국토에 지열 난방 시스템을 구축하기 시작했다. 아이슬란드 총 가구 중 85%가 지열 난방을 하며 가정의 각 방마다 이 시스템에 연결된 라디에이터가 설치되어 있다. 아이슬란드는 재생 에너지 생산과 사용율 모두 세계 1위로, 전기를 모두 지열(25%)과 수력 발전(75%)으로 생산한다. 전체 일차 에너지는 85%를 재생 에너지에서 생산한다. 자동차와 선박 운행에 쓰는 석유를 제외하고는 모두 재생 에너지를 쓴다고 보면 된다.

척박한 땅에서 행복을 일구어 내다

아이슬란드는 겨울철이면 빛을 좀처럼 볼 수 없는 흑야 때문에 우울증 약을 전 세계에서 가장 많이 소비하는 나라다. 지난 1천 년간 200개 정도의 화산이 폭발하기도 했다. 국토의 37%가 해발 600미터 이상, 국토의 약 76%가 해발 200미터 이상이다. 물을 품지 못하는 화산암 지형은 관목식물이 살 수 있는 토양이 아니다. 경작이 불가능한 땅이다. 하지만 자유를 찾아온 사람들은 이 척박한 땅을 개척했다. 지열을 이용하여 집을 데웠고 빙하 강을 막아 전기를 생산했다. 이제 아이슬란드는 유럽으로 전기를 수출하자는 논의가 매해 있을 만큼 에너지 강국이다. 미래의 자원인 물도 풍부하다. 동네마다 있는 온수 수영장에서 눈송이가 떨어지는

까만 겨울밤을 즐긴다.

금융권의 비대한 성장으로 2008년 경제 위기가 터졌을 때 사람들은 십시일반 근무 시간을 줄여 최대한 동료의 실업을 막았다. 일이 줄어든 대신 시간은 많아졌다. 뜨개질을 배우고 조깅을 했다. 아이들과 책을 보고 베리를 따다가 잼을 만들었다. 경제 위기 후 오히려 아이들의 행복 지수가 높아졌다. 유엔이 발표한 2016년 세계행복보고서에 따르면 아이슬란드는 덴마크와 스위스의 뒤를 이어 세계에서 가장 행복한 나라 3위다.

1부

—

자유로운 개인들의
단단한 공동체

나의 시끌벅적한 아이슬란드 가족

유난히 외로웠던 2003년 12월, 나는 평소 내게 호감이 있는 듯했던 지금의 남편과 잘 해보기로 마음먹었다.

1997년 처음 아이슬란드에 온 후 6년이 지난 때였다. 건강 때문에 1999년부터 2년간 한국에 잠시 갔다가 다시 돌아온 아이슬란드에서 나는 잘 적응하고 있었다. 언어와 문화가 제법 자연스러워졌고 학교 생활도 즐거웠다. 결연 가족으로부터 독립해 시내의 방 두 개짜리 집을 친구와 함께 얻었다. 주말이면 친구들이 찾아와 와인과 수다를 나누는 멋진 아지트였다. 대학에 진학하면서 주중 아르바이트는 그만두고 주말에만 일했지만 생활비는 거뜬히 해결했다. 그야말로 일하며 공부하는 착실한 청년이었다. 그런데 문제가 하나 있었다. 나는 외로웠다.

칼은 지난 2년간 학교를 같이 다닌 친구였다. 우리 관계는 급진전했다. 12월 초에 데이트를 시작했는데 그해 크리스마스 식사에 초대를 받았다. 그렇게 나는 칼의 할머니와 부모님이 사시는 사이브뤄이트Sæbraut 집에 처음 가게 되었다. 아이슬란드에서는 크리스마스 이브 저녁이면 가족이 다 같이 모여 크리스마스 음식과 선물을 나눈다. 시간에 맞춰 도착했더니 문이 열리고, 그의 어머니, 아버지, 외할아버지, 외할머니, 누나, 매형, 조카, 형, 형의 반려가 나를 맞았다. '헉! 설날이 따로 없네.' 처음 보는 수많은 볼에 뽀뽀를 하고 거실에 앉았으나 어색하기 짝이 없었다. 방긋방긋 웃고는 있지만 뒤통수가 영 불편했다.

저녁 식사 시간, 나는 긴장한 채 남자 친구 옆에 자리를 잡았다. 다들 나에게 궁금한 것이 많겠지. 테이블에 둘러앉아 질문을 받아야 한다니 빨리 탈출하고 싶었다. 다행히 그때, 뽀로로 비율을 장착한 '귀요미' 조카 아리 칼이 어색한 분위기를 제대로 깨 주었다. 까만 머리에 짙은 피부색의 누나가 신기했는지 아리 칼은 나에게서 눈을 떼지 못했다. 나의 영웅 아리가 다가와 삼촌을 올려다보며 말했다. "누나 옆엔 내가 앉을 거야." 모두 웃음을 터뜨렸다. 두 칼이 다 해(내 아이슬란드 이름)를 좋아한다며 신이 났다. 덕분에 나는 편안히 첫 크리스마스 저녁을 보낼 수 있었다. 그리고 그렇게 나는 이들과 가족이 되었다.

2016년 7월, 책을 쓰기 위해 나는 가족과 아이슬란드를 다시 찾았다. 이번에는 바비큐 파티로 가족들이 모였다. 칼의 부모님은 가족들이 북적거리며 함께 보내는 시간처럼 좋은 게 없다고 하신다. 2003년 크리스마스 때보다 많이 모였다. 스무 명이나 되는데다 국제적이기까지 하다. 우리 부부는 한국에서 왔고, 남편의 외삼촌 가족은 어제 스페인에서 도착했다. 우리 부부가 한국과 아이슬란드가 만난 짝이듯 외삼촌 커플은 스페인과 아이슬란드가 만난 짝이다.

칼의 형 루나르(46)와 세 아이들도 왔다. 세 조카들은 서로 나이 차이가 크고 생물학적 엄마가 모두 다르지만 소중한 가족이다. 첫째 베라(26)는 어른이 되어 독립하였다. 베라가 올해 초 딸을 낳아 루나르는 할아버지가 되었다. 아이슬란드에서는 이렇게 젊은 할아버지가 그리 드물지 않다. 시부모님도 젊은 증조 할머니, 증조 할아버지가 되었다. 오늘 바비큐 파티에 참석하지 못한 외할머니까지 총 5대가 같은 시대를 산다.

다음은 칼의 누나 힐두르(48) 가족. 힐두르와 피에투르 부부는 반려로 살다가 2002년에 결혼했다. 피에투르는 힐두르를 만나기 전에 아들이 아

자유로운 개인들의 단단한 공동체

나 있었다. 키 큰 피에투르가 오늘 바비큐 담당을 맡았다. 하필 올 여름 가장 날씨가 나쁜 날 바비큐 파티를 잡았다며 농담은 하면서도, 피에투르는 믿음직스럽게 양고기며 소고기를 구워낸다. 첫 크리스마스 식사 때 나를 구원했던 귀염둥이 아리 칼(15)은 더 이상 나를 올려다 보던 꼬맹이가 아니다. 멋진 청년이 되어가는 아리는 목소리가 굵게 변했고 말수도 줄었다. 아리는 여름방학 동안 힐두르가 일하는 호텔에서 도어맨으로 아르바이트를 한다고 한다. 나는 아리의 굵은 목소리가 신기해서 장난스레 끈질기게 말을 걸었다. 아리는 나에게 수줍은 미소를 보인다. 여전히 사랑스런 친구다.

이렇게 모이기만 하면 아이들은 장난감이 필요 없다. 프로스티(10), 다비드(9), 브레키(8), 아틀라스(5)는 집안 구석구석 어울려 다니며 잘 논다. 스페인에서 온 카를로스(12), 야스민(10)도 합세했다. 우리는 아이들을 위해 핫도그도 굽고 한국에서 온 김치라는 엄청나게 매운 음식도 낸다. 아이들은 귀까지 빨개지며 숨 넘어가게 맵다는 몸짓이다. 부엌에선 닭볶음탕을 만들고 있다. 고기가 잘 구워져 이제 식탁을 차리고 식구들은 음식을 함께 나눈다. 야스민은 오늘의 바비큐를 맛볼 수 있었으니 엄마는 아빠와 결혼하길 잘했다는 명언을 남겼다.

식사가 끝나고 다들 소파에 모여 앉았다. 이제 베라의 아기 인디아가 주인공이 되었다. 빨강머리 엄마를 닮은 베라는 빨강머리 아기를 낳았다. 인디아는 이제 제법 허리에 힘을 주고 앉아 꽁양꽁양 소리를 낸다. 빨강머리 힐두르가 빨강머리 인디아를 안고 애정 행각을 벌인다. 인디아는 연신 힐두르 얼굴에 입을 갖다 대며 맛보기에 여념이 없다. 힐두르 뺨은 꿀물 같은 침이 범벅이 되었다. 그 모습에 다들 웃음이 터진다. 이토록 다양하게 모인 대가족이지만 서로 어색하거나 불편하지 않다. 즐겁기만 하다.

결혼하지 않았어도
내 사랑 내 반려

나와 남자친구가 그랬던 것처럼 아이슬란드에서 커플들은 결혼 제도 밖에서도 자연스레 가족이 된다. 한국에서 결혼이 가족을 이루는 시작점이라면 아이슬란드에서는 함께 살기부터 한다. 데이트를 이어가다 사랑하는 이와 한집에서 지내는 게 좋겠다 싶을 때 동거를 시작한다. 연인들은 서로가 반려감인지 천천히 생활에서 확인한다. 이렇게 살면서 자연스럽게 가족이 된다. 동거 중에 아기를 갖는 것도 자연스럽다. 신생아의 70% 이상(2015년 기준)이 혼외 관계에 있는 엄마 아빠 사이에서 태어난다.

소프트웨어 엔지니어 스테인(33)과 사회학 석사 과정을 마친 힐두르(27)는 사귄 지 10년 된 커플이다. 힐두르가 석사를 마치고 최근 이들에게 보물이 생겼다. 2016년 3월 18일 태어난 아룬니 스테인손Árni Steinsson[4]이다. 내가 한국에 아이슬란드의 라이프스타일을 전하는 책을 쓴다고 했더니 젊은 커플은 흔쾌히 인터뷰에 응해 주었다. 또래에 비해 큰 덩치에 목소리도 우렁찬 아룬니도 함께했다.

아이슬란드에서 동거 커플은 국가등록원에 동거 등록을 하면 결혼한 부부와 거의 동등한 사회적 지위를 갖는다. 사회 보장 혜택도 비슷하게 받

---

4   아이슬란드에는 성이 없는 대신 아이의 이름 끝에 누구의 딸, 누구의 아들임을 밝힌다. 아룬니 스테인손의 이름을 풀면 아룬니는 스테인의 아들이라는 뜻이다.

는다. 18세 미만의 아이를 양육하는 경우 매년 4회 받는 육아 수당[5]이 대표적인 예다. 소득세 혜택도 보통 부부와 같이 적용받는다. 힐두르가 임신하여 일하지 못한 기간 동안 스테인은 힐두르의 소득세 공제 카드를 국세청에서 발급받아 자신의 일터에서 썼다.[6] 그렇게 해서 두 사람 몫만큼 자신의 소득세에서 공제받았다. 엄마 아빠에게 총 9개월 동안 지급되는 유급 출산 휴가 역시 동거인으로 등록한 커플도 받을 수 있다. 힐두르는 현재 출산 휴가[7] 중이다. 소득차를 고려해서 힐두르가 6개월, 스테인은 3개월 동안 출산 휴가를 쓰기로 했다.

물론 동거 커플이 부부와 완전히 같은 법적 지위를 지니는 것은 아니다. 상속, 입양, 인공 수정 등의 경우에 차이가 있다. 동거인으로 등록한 커플은 등록한 지 5년이 지나야 입양을 할 수 있다. 부부는 법에 따라 모든 재산을 50%씩 나눠 소유하지만 동거 커플은 소유 명의에 따라 각각 가진다. 또 부부는 한 사람이 먼저 사망하면 재산이 모두 배우자에게 상속되지만 동거 커플의 경우 유서에 의해서만 동거인에게 재산이 상속된다.

---

5 아이슬란드 국세청은 18세 미만의 아이를 양육하는 부부, 동거 커플, 한부모에게 1년에 4회 육아 수당을 지급한다. 육아 수당은 소득과 연동하여 계산한다. 커플 합산 연소득이 480만 크로나(한화로 약 4천 8백만 원) 이하라면 정부가 정한 양육수당 전액을 받는다. 첫 아이의 양육수당은 199,839크로나(약 20만 원)이며 둘째부터는 237,947크로나(약24만 원)를 받는다. 7세 이하 아동은 추가로 119,300크로나를 받는다. 홀로 아이를 키우는 한부모에게는 더 많은 수당(첫째 332,950크로나, 둘째 이상 341,541크로나)이 지급된다.

6 아이슬란드 국세청은 만 16세 이상의 모든 아이슬란드인에게 월소득세 일부를 공제해 준다. 이것을 개인세금공제라 부른다. 2016년의 개인세금공제액은 매월 51,920크로나(약 52만 원)이다. 즉 B씨가 지난 달 15만 크로나를 벌었다면 원래 B씨는 37.3%에 해당하는 소득세 55,500크로나를 내야 한다. 하지만 실제로 B씨는 매월 공제액을 차감한 3,580크로나를 낸다. 개인세금공제는 높은 소득세율을 보편적으로 적용하면서도 저소득자들이 상대적으로 적은 세금을 내게 하는 방법이다. 개인세금공제를 적용받으려면 노동자는 고용주에게 택스 카드를 사용할 것이라고 알려야 한다. 이때 배우자(혹은 반려)의 택스 카드 일부나 전부를 쓸 수 있다.

7 아이슬란드의 부모는 엄마가 3개월, 아빠가 3개월, 엄마 아빠가 공동으로 사용할 수 있는 3개월을 합해 총 9개월 출산 휴가를 쓴다. 아이가 태어나기 전 6개월 동안 25% 이상의 노동(주 40시간을 100% 기준으로 함)을 했다면 받는 권리다. 출산 휴가 동안에는 80%의 급여를 출산휴가기금에서 받는다. 출산휴가기금은 상한선(2016년 기준 한화로 약 352만 원)이 있다.

자신의 삶과 소유를 가족과 떼어놓고 생각하기 힘들다고 판단할 때 아이슬란드 사람들은 결혼을 한다. 나이도 들었고 아이들도 자라 남겨줄 것들에 대한 생각이 많아지는 시점이다. 칼의 이모 어이두르의 예를 보자. 어이두르와 싯기는 1993년부터 동거 커플로 살다가 첫째가 만 5세, 둘째가 두 돌이 지난 2000년에 결혼했다. 내 것 네 것의 구별이 없어진 시점이었다고 한다. 싯기는 어이두르를 만나기 전 두 딸이 있었다. 만약 싯기에게 불상사가 생긴다면 부부로 연을 맺지 않은 어이두르는 유산을 상속받을 수 없었다. 두 분은 어이두르의 친정 사이브뤄이트 마당에서 결혼식을 올렸다. 아이슬란드에서 결혼식은 한 가족의 시작이라기보다는 가족을 이루고 살아 온 이들의 행복을 친구들과 친지들이 축하해 주는 자리에 가깝다. 화창한 날씨도 이 결혼식을 축복해 주었다. 하객이 많이 모였고 음식과 이야기꽃이 만발했다. 아이들은 마당에 있는 작은 수영장에서 물장난을 했다. 어른들은 테라스에서 춤을 췄다. 결혼식을 회상하는 어이두르 이모 얼굴에도 활짝 웃음꽃이 핀다.

조금 달라도
우리는 당당한 가족

결혼 여부와 관계 없이, 가족으로 함께 살던 이와 헤어지는 것은 힘든 과정이다. 그럼에도 불구하고 아이슬란드 사람들은 불행한 관계를 아이들 때문에 참고 이어가야 한다고 생각하지 않는 편이다. 행복하지 못한 관계를 청산한 후에도 아이들은 변함없이 엄마 아빠의 아이로 자란다. 부모가 이별하더라도 아이의 이름이 변하지 않는 것처럼, 아이와 부모의 관계는 계속 이어진다. 시간이 지나 각 부모가 새로운 가족을 이루게 된다면 그 아이는 더 커진 가족 안에서 성장한다. 이렇게 확장된 가족에 대한 사회적 편견은 없다.

한 발 더 나아가 보자. 2010년 6월 11일 아이슬란드 의회는 결혼이 남녀가 아닌 두 개인에 의해 성립되는 것이라 정의했다. 동성 커플의 합법적 결혼이 가능해진 것이다(그 이전에도 2006년부터 동성 커플들은 동거 신고를 하고 이성 커플과 다를 바 없이 사회 보장 제도의 보호를 받을 수는 있었다). 2010년 당시 아이슬란드의 총리였던 요한나 시구르다르도띠르Jóhanna Sigurðardóttir는 국가 지도자로서는 세계 최초로 동성 결혼을 한 사람이다.

실리아와 톳바는 최근 엄마 눈동자를 그대로 빼닮은 발뵤르그 마리아 실리우도띠르Valbjörg María Siljudóttir를 낳은 젊은 부모다. 아니 '모모'다. 실리아와 톳바는 5년에 걸친 연애와 동거 과정을 통해 결혼했다. 일부 사람들은 동성애자들이 오히려 '결혼'하는 것을 중요하게 생각한다고 믿는다. 실리

아와 톳바는 결혼이 더 자연스럽게 느껴져 결혼했다고 말한다. "사람 많은 파티의 주인공이 되는 건 멋진 일이잖아"라며 웃는다. 하기만 무엇보다 함께 지낼 시간에 대한 확신이 컸다.

26세라는 이른 나이에 엄마가 된 실리아와 톳바에게는 육아의 무게가 느껴지지 않는다. 피곤한 구석 없이 빛나도록 아름다운 커플이다. 이들은 기증받은 정자와 실리아의 난자를 인공 수정한 후 수정란을 톳바가 품어 출산했다. 두 엄마 모두 임신과 출산에 참여했다. 정자는 나중에 아이가 생물학적 아빠를 찾을 수 있는 공개 기부인으로부터 받았고, 같은 아이슬란드인끼리는 유전자 지도가 가까워서 외국에서 기증받았다. 이렇게 동성 커플도 2010년 이후부터 법적으로 입양이나 인공 수정을 할 수 있는 길이 열렸다. 생의학자인 실리아와 어학을 전공하는 톳바는 2015년부터 네덜란드에서 살고 있지만 방학 기간 동안 출산 휴가 기금을 받기 위해 아이슬란드에서 여름을 보내고 있다. 톳바가 부모님 댁에서 출산 휴가를 보내는 동안 실리아는 일을 한다. 톳바는 모유 수유로 아이를 기른다. 보통 커플처럼 부지런히 아이를 기르고 함께 성장하고 있다.

2015년 글로벌 LGBT 소셜 네트워크는 아이슬란드가 전 세계 120개 국가들 중 가장 '게이 친화적gay-friendly'인 나라라고 발표했다. 매년 8월 둘째 주에는 열리는 '게이 프라이드'는 아이슬란드의 대표 축제 중 하나다. 전 레이캬비크 시장 욘 그나르가 풀 메이크업에 여장을 하고 참가하기도 했고 최근 선출된 아이슬란드 대통령 구드니 요하네손도 참가했던 축제다. 게이 프라이드는 성 정체성이 다른 개인들의 축제이자, 성 정체성이 다르다는 것이 차별의 이유가 될 수 없다고 생각하는 시민들의 축제다. 매해 다채로운 색상과 분장으로 꾸민 이동 무대와 참가자들은 시민들에게 즐거움을 준다. 올해도 아이슬란드 대표 팝 가수이자 게이인 파웃들 오스카Páll Óskar가 유니콘 모양을 한 대형 무대에서 노래했다.

9개월인 발뵤르그는 지난 여름 게이 프라이드 퍼레이드에 처음으로 참여했다. 대형 스피커로부터 귀를 보호하는 헤드폰에는 무지개색 스티커를 붙였고 목에는 무지개색 목도리를 둘렀다. 유모차에도 무지개띠를 달아 장식했다. 남과 다르다는 이유로 차별받지 않는 사회에서 실리아의 푸른 눈동자를 닮은 발뵤르그는 건강하고 아름다운 개인으로 자랄 것이다.

내 사랑 내 심장 나의 빛—
아이들의 천국

앞에서 소개한 발뵤르그의 가족과 인터뷰를 할 수 있었던 것은 친구 운누르의 도움이 컸다. 운누르는 실리아의 언니로, 아무렇지도 않게 "지금 행복하니? 네 심장은 기뻐하고 있니?"라며 돌직구를 던지는 좋은 친구다. 친구에게 이런 질문을 받은 날이면 저녁에 부부싸움을 하고 만다. 평소에 쌓인 것이 많은가 보다. 지난 여름 다시 만난 운누르는 또 직설적으로 물었다. "브레키는 학교를 좋아하니?" 또 혹 하고 당했다. 학교가 재미있느냐도 아니고, 학교를 좋아하느냐고? 입시 지옥과 다름없는 학교 생활을 무사히 통과한 나에게는 어처구니없는 질문이다.

　운누르의 질문 덕에 행복에 대한 공신력 있는 조사를 찾아보았다. 엄마 아빠가 행복해야 아이가 행복하다는 진리를 다시 확인할 수 있었다. 엄마의 행복 순위를 발표한 단체 세이브 더 칠드런Save the Children에 따르면 아이슬란드 엄마들은 핀란드, 스웨덴, 노르웨이 다음으로 행복하다. 엄마들이 행복한 나라들은 한결같이 양성 평등 국가라는 특징이 눈에 띈다. 아이들의 복지 수준을 조사한 OECD의 《하우즈 라이프How's Life》(2015)라는 보고서를 찾아보니, 아이들의 행복을 객관적으로 판단하는 여러 기준이 있었다. 부모의 경제적 상황, 주거 환경, 미세먼지 같은 환경, 비만도, 독해력, 사회 활동, 학업 스트레스, 삶의 만족도 등이다. 이런 기준을 반영한 질문 중 "학교를 좋아하는가?"라는 질문이 있다. 아이슬란드 아이들

은 이 조사에 참가한 WHO 소속 유럽 국가, 미국, 캐나다 등 중에서 학교를 가장 좋아하는 것으로 나왔다[8] 아이들은 집에서만큼 많은 시간을 학교에서 보낸다. 그러니 학교가 좋으면 삶의 만족도도 높을 것이다. 위 보고서에 따르면 아이슬란드 아이들은 스페인, 네덜란드 아이들 다음으로 삶에 만족하는 것으로 조사되었다.

내 조카 다비드의 일상을 소개한다. 다비드는 만 5세에서 9세 아동 대상인 이삭 학교Ísaksskóli에 다닌다. 엄마, 할머니, 삼촌 등 가족 대부분이 유년 시절을 보낸 학교다. 다비드는 출근하는 부모님과 함께 집을 나서 학교에 간다. 교실에 들어갈 때는 담임 선생님과 악수하며 "좋은 아침입니다Góðan daginn"하고 인사한다. 반 친구들은 15명이고 수업은 보통 8시 반부터 오후 1시 반까지다. 다비드를 포함한 대부분의 아이들이 오후 4시까지 돌봄 교실에서 시간을 보낸다. 학교에서는 하루 두 번 20분씩 바깥 놀이를 한다. 비가 오나 눈이 오나 반드시 밖에서 뛰어 논다. 다비드는 인기가 많아 하교 후에도 친구들에게 계속 전화가 온다. 작년에는 우리 아들 브레키도 한 학기 동안 이삭 학교를 다녔다. 놀이 시간이면 다비드와 친구들이 서먹해하는 동생 브레키를 보살펴 주었다. 왁자지껄한 개구쟁이들이지만 친절하고 너그럽다.

매주 금요일이면 수업 전에 전 학년이 학교 로비에 모여 일주일 동안 연습한 노래를 합창한다. 흑야일 때는 해가 뜨려면 한참 남은 시간, 촛불만 밝힌 로비에 아이들의 고운 목소리가 채워진다. 아이가 이삭 학교를 다녔던 한 학기 동안 나도 시부모님과 함께 금요일마다 아이들의 합창을

---

8 www.keepeek.com/Digital-Asset-Management/oecd/economics/how-s-life-2015_how_life-2015-en#.WH12ePl97b0. 특히 p. 169, 표 4.26 참고.

들으러 학교를 찾았다. 어른들의 가슴 속에도 말랑말랑한 유년의 아름다움이 가득 차오른다.

다비드는 축구를 특히 좋아한다. 일주일에 두 번은 하프나표르두르 체조 협회에서 운영하는 축구 연습에 간다.[9] 여름방학에는 축구 아카데미에 등록하여 일주일에 서너 번씩 연습을 했다. 구슬땀을 흘리며 뛰는 동안 부쩍 키가 컸다. 그렇지 않아도 밝은 금발이 여름 햇살에 '플래티넘 블론드'가 되었다. 골목에서도 또래들과 공을 가지고 논다. 공을 차지했다 하면 화려한 드리블 기술부터 자랑한다. 옆집에 사는 또래 여자아이 닷가Dagga는 다비드의 가장 친한 골목 친구다. 서로 집에 놀러가 하룻밤씩 자고 오기도 한다. 마치 두 집이 두 아이를 함께 기르는 듯하다.

하루 일과를 마치고 집에 오면 숙제를 한다. 이삭 학교는 일반 초등학교에 비해 숙제가 많다. 읽기, 쓰기, 셈 등이다. 퇴근한 엄마 아빠가 하루 30분에서 1시간 정도 숙제를 도와 준다. 공부 스트레스는 없어 보인다. 읽을 수 있는 것이 즐겁고 숙제를 마쳤다는 성취감에 열심이다.

아이슬란드 사람들의 생활 방식은 가정이 중심이다. 오후 4시면 퇴근을 하고 저녁과 주말은 가족이 함께 시간을 보낸다. 다비드네 저녁 식사는 집에서 준비해서 다함께 먹는 것이 원칙이다. 인스턴트 음식, 정크푸드를 가급적 먹지 않는다. 한 달에 2일, 일 년에 24일이 보장되는 법정 유급 휴가도 가족과 함께 보낸다.

다비드네는 이번 여름 휴가에 네덜란드로 자전거 여행을 떠났다. 독립한 첫째를 제외한 네 식구는 네덜란드 서부 해안을 따라 50킬로미터를 자전거로 달렸다. 다비드는 잘 해냈고 오히려 엄마가 더 힘들어한 여행이

9　레이카비크 시는 6-18세까지 아동들의 스포츠, 예술 취미 활동을 1년에 5만 크로나까지 보장하는 레저 카드를 지원한다.

었다고 한다.

여행을 시작하는 날 다비드는 열 번째 생인을 맛았디. 생인 피디는 여행 전에 동네 친구들과 사촌들을 초대해 바비큐 핫도그와 생일 케이크를 나눠 먹었다. 실컷 먹고 골목으로 나가 공을 가지고 놀며 댑댄스Dab dance를 춘다. 다비드의 생일을 맞아 아빠가 페이스북에 아들 자랑을 했다. "다비드에겐 여러 수식어가 붙는다. 사랑스럽고, 장난스럽고, 독창적이다. 직관적으로 전자기기를 능숙하게 다루기도 한다. 하지만 다비드는 무엇보다 유머 감각이 풍부한 아이다. 다비드는 주변에 기쁨을 전파하는 아이다."

할머니와 엄마는 다비드를 여러 애칭으로 부른다. '나의 사랑Ástin mín 또는 Elskan mín' '내 심장Hjartað mitt' '나의 빛Ljósið mitt' 등 사랑이 넘치는 이름들이다. 다비드에게 물어보았다. "학교가 좋아?" "그럼! 아주 많이"라고, 망설이지 않고 대답한다.

아내는 합창단에서 노래를,
남편은 부엌에서 요리를

책을 쓰기 위해 아이슬란드를 방문한 2016년 여름, 우리의 베이스캠프는 시부모님이 계신 사이브뤄이트집(사이브뤄이트는 도로명이다)이었다. 2006년 영국 유학을 결정했을 때 지금의 남편과 6개월간 지냈던 집이다. 당시 이 집에는 남편의 외할머니도 계셨으니 한 지붕 아래 3대가 함께 산 셈이다. 당시 남편과는 3년째 교제중이었고 가족 행사나 저녁 식사를 함께 하는 일요일이면 문턱이 닳도록 이 집을 드나들어 별로 불편하지 않았다. 오히려 서로 잘 배려하며 지낸다면 3대가 같이 살아도 편안하고 재미있을 수 있다는 걸 알게 되었다. 지금은 시부모님만 계시는 이 집은 언제든 내가 돌아갈 수 있는 아이슬란드의 집이다.

시어머니는 엄격한 분위기의 금융권에서 평생 일하셨지만 사람들과 어울리기를 좋아하는 '흥부자'시다. 직장 동료들과 사교 클럽, 북클럽, 뜨개질 클럽을 결성하셨고 지금도 두 개의 합창단에서 활동하신다. 은퇴 후에는 레이캬비크 아트스쿨에서 드로잉도 배우시는데 지난 봄에는 난이도를 높여 누드 모델을 그리셨다고 한다. 그래도 시어머니의 가장 큰 기쁨은 가족들이다. 바쁜 자식들을 위해 손주들을 봐주시는가 하면 가족 식사와 행사를 주도하신다.

아이슬란드 생활상을 책으로 쓰겠다는 막내 며느리에게 가장 큰 힘을 실어준 것도 시어머니다. 이를 위해 푸드 클럽과 합창단 모임을 계획해 주셨고 사이브뢰이트집은 그 덕분에 한바탕 시끌벅적해졌다.

어머니가 속한 푸드 클럽은 1년에 네다섯 번 식사를 함께 한다. 전채요리, 본요리, 후식을 회원들이 나누어 맡는다. 연말이면 아이슬란드 전통 훈제 양고기 항기큐트Hangikjöt를 나누며 한 해를 함께 마무리한다. 가끔 여행도 같이 간다. 작년에는 이탈리아 시칠리아에 다녀왔고 내년에는 뉴욕에 갈 계획이라고 한다.

사이브뢰이트를 찾은 멋쟁이 어르신들은 먼저 베란다에서 샴페인으로 입맛을 돋운다. 큐라소curacao를 넣은 샴페인은 여름 햇살을 받아 독특한 파란색으로 빛난다. 전채요리는 훈제 기러기, 일반 슈퍼마켓에서는 찾을 수 없는 구르메 요리다. 루콜라 샐러드 위에 훈제 기러기 가슴살과 배를 올린다. 그리고 레드와인에 고형 육수와 산딸기 잼을 넣고 졸인 소스를 뿌리면 완성이다. 모두들 맛을 보며 한바탕 찬사를 하고는, 막 끝난 대통령 선거 이야기에서 해외 여행기로 대화를 이어갔다. 부엌에서는 야생 연어와 햇감자가 익고 있다. 생선과 감자는 간단하면서도 맛과 영양이 뛰어난 아이슬란드 전통 요리다. 자연산 연어는 산란기에만 강에서 잡히는 귀한 재료다(아이슬란드에서는 연어를 바다에서 잡는 것을 금지한다). 재료가 신선하니 버터와 딜만 있으면 충분하다. 쫀득쫀득하고 껍질이 바삭한 연어와 버터를 듬뿍 바른 감자는 천생연분이 따로 없다.

이어서 커피를 준비하고 후식 타임. 후식은 홈메이드 머랭을 생크림, 과일로 장식한 파블로바Pavlova 케이크. 러시아의 발레리나 안나 파블로바의 이름을 딴 이 케이크는 겉은 바삭하고 안은 공기로 가득찬 듯 가볍다.

저녁 7시에 시작한 모임인데 어느새 10시가 되었다. 커피로 식사는 마무리했지만 남은 와인과 맥주를 마시며 모임은 늦게까지 이어졌다.

다음으로 시어머니는 오푸스 합창단을 초대하셨다. 휴가 기간인 여름

에는 연습이 없으니 집에서 음식을 먹고 노래도 하기로 했다. 대부분이 은퇴자인 합창단원 20여 분이 음식과 술을 가지고 모였다. 최근 ~~유럽 축~~구 챔피언십에서 8강까지 진출하며 선전한 아이슬란드 팀을 기념하며 식탁은 아이슬란드 국기로 꾸몄다. 식탁에 음식을 차려놓고 합창단이 파트별로 정렬해 섰다. 워밍업으로 "멀리서í fjarlægð" "우리 둘이Við gengum tvö" "아름다운 저녁Kvöldið er fagurt" 등 친숙한 노래들을 불렀다. 이제 식사 시작. 부엌, 거실, 베란다에서 이야기꽃이 핀다.

나는 세 개의 합창단에서 활동하는 토르스테인과 부엌에서 이야기를 나누었다. 아이슬란드 사람들은 한 명 걸러 한 명 꼴로 합창단원을 한다 해도 과언이 아닐 정도로 노래 사랑이 대단하다. 토르스테인은 아이슬란드 사람들 절반 이상이 합창단 활동을 할 거라고 한다. 어린이 합창단, 남성 합창단, 여성 합창단, 혼성 합창단, 노인 합창단, 교회 합창단, 고등학교 합창단, 대학 합창단, 챔버 뮤직 합창단, 미술관 합창단 등 이 나라에는 차고 넘치는 게 합창단이다.

크리스탸운 아저씨가 기타를 꺼내들고 줄을 퉁기기 시작하니 다시 노래가 시작된다. 이번엔 자못 진지하다. 기타를 치는 멋쟁이 크리스탸운도, 자신의 파트를 노래하는 단원들도 발성 하나하나에 집중하는 모습이다. 백야에 빛나는 밤바다는 관객이자 무대가 되어 주었다. 합창은 11시가 다 되어서야 끝이 났고 그제서야 모두들 바다와 아쉬운 작별을 했다.

시어머니는 매주 월요일과 수요일 저녁에 합창단 연습을 하러 가신다. 은퇴하시기 전에는 연습이 있는 날은 시아버지가 저녁을 준비하셨다. 활동적인 시어머니에 비해 시아버지는 집에서 보내는 시간이 많고 늘 집안 팎을 쓸고 닦으신다. 식사 준비도 척척이시다.

시아버지는 제철 생선이 가득한 동네 생선가게를 애용하신다. 이 가게

는 오븐에 넣기만 하면 되는 반조리 제품도 판매하는데, 양파, 마늘, 감자
로 맛을 낸 대구 요리 플록피스크plokkfisk는 시아버지가 좋아하시는 메뉴
다. 손님이 오는 날이면 시아버지는 파티나 가족 식사 때 부엌에서 어머니
와 함께 호스트 역할을 하신다. 손님들이 돌아가면 식기세척기와 한 팀이
되어 마무리를 하신다.

아이슬란드는 제도 개선을 통해 여성의 사회 참여를 높이는 한편 자
연스럽게 남성도 가사와 양육을 분담하는 문화를 만들어 가고 있다. 이
는 수치로만 보아도 잘 드러난다. 15-74세 사이 남성의 83.7%, 여성의
77.6%가 경제 활동을 하고 있다(2013, Eurostat). 아이슬란드 여성의 경제 활
동 수준은 유럽연합에서 3위인 네덜란드 남성의 경제 활동 비율(76%)보다
높다. 노동 시간을 보자. 주당 남성은 47.3시간을, 여성은 41.6시간을 일
한다(풀타임 기준, 2013, Eurostat). 남녀 간 임금차는 낮은 편이다. 아이슬란드에
서는 이미 반세기 전인 1961년, 법으로 양성 간 임금 평등을 보장하였다.
2015년 아이슬란드 복지부 발표에 따르면 남녀 임금차는 12.5%다(한국의
남녀 임금 격차는 2012년 기준 37.4%로 OECD 회원국 중 1위다).

이와 더불어 가족을 중시하는 직장 문화도 남편과 아내가 집안일에
평등하게 참여하도록 만드는 중요한 요인이다. 2013년 ISSPInternational Social
Survey Programm의 조사에 의하면 아이슬란드 여성은 집안일로 주당 13.5시간
을, 남성은 9시간을 쓴다. 이 조사에서 아이슬란드 남성의 가사 노동 시간
은 폴란드, 미국, 노르웨이, 스웨덴, 캐나다 다음으로 6번째로 높다. 여성들
은 육아 때문에 유연 근무나 파트타임 근무를 해도 직장에서 차별받지 않
는다. 경력 단절 여성들이 마트 계산원으로 대표되는 불안하고 열악한 일
터로 내몰리지 않아도 된다. 유급 출산 휴가 제도의 경우, 2000년에 법이
개정되어 아버지도 3개월 동안 월급의 80%를 받으며 쓸 수 있게 되었다.

편안히 빈둥댈 수 있는 집,
좋은 공동체의 기반이 되다

우리 가족의 사이브뤄이트집은 시어머니의 부모님이 지으셨다. 레이캬비크 근교의 한적한 셸탸르냐르네스 바닷가에 지은 2층집이다. 거실은 바다 쪽으로 커다란 창이 나 있어 바깥 풍경이 가득 들어온다. 바닷가 둑에는 큰 가마우지가 날개를 펴고 겨드랑이를 말린다. 예전에 3대가 같이 살던 시절, 할머니는 일렁이는 바다를 물끄러미 바라보다 물개가 나타나면 탄성을 지르곤 하셨다. 집에 손님이 오면, 멀리 바다 너머 빨간 지붕의 대통령궁을 가리키며 망원경을 건네셨다.

할머니는 이 집에서 같이 살 때 종종 옛날 이야기를 들려주셨다. 파티가 끝나고 할아버지가 처음 할머니를 집까지 데려다 준 일, 레이캬비크 전화국에서 근무하던 시절 이야기, 더 거슬러 올라가 할머니가 소녀였던 어린 시절 레이캬비크 시내의 모습까지 줄줄이. 1923년에 태어나신 할머니는 살아있는 역사책이나 다름없다. 20세기 초 아이슬란드는 유럽에서 가장 가난한 나라였다고 한다. 식탁에는 단촐한 음식뿐이었고 상큼한 향의 오렌지는 크리스마스 때나 먹을 수 있었다고 한다. 여섯 남매가 누볐던 시내 골목이나 어릴 때 살던 목조주택의 모습도 할머니의 이야기 속에서 생생하게 살아난다. 사이브뤄이트집을 지은 이야기도 단골 주제다. 부엌부터 완성하고 방을 하나씩 만들어 갔다. 우리나라처럼 아이슬란드도 옛날에는 농경사회였다. 자급자족이 필수였다. 가축을 기르고 우유를 짜

버터와 스키르(skyr, 요구르트의 일종)를 만들었다.

레이캬비크 출신이 할머니는 농촌 생환은 차시지는 않았기만 많은 것들을 직접 만들어 썼다. 아이들 옷은 직접 바느질해 만들어 입혔다. 지금도 손주들의 첫 스웨터는 할머니가 뜨신다. 할머니께 아이슬란드 전통 스웨터인 로파페이사lopapeysa 뜨는 법을 배워서 남편에게 크리스마스 선물로 주었던 기억도 난다. 버터만 발라도 맛있는 동글동글한 할머니표 빵을 구워 주셨고 일년에 한 번은 피를 끓여 소시지를 만드시곤 했다. 매년 크리스마스 식사에서 후식은 할머니의 바닐라 아이스크림이다. 2006년에 이미 팔순을 넘으셨지만 퇴근하고 오는 딸 부부와 손주 커플을 위해 생선을 요리하고 감자를 찌셨다. 매일 아침 라디오에 맞춰 체조를 하셨고 클래식 음악회 생중계가 있는 날이면 거실에서 루브Rúv 1라디오를 들으셨다. 몇 해전 할머니는 사이브뢰이트집을 딸 부부에게 맡기고 셀탸르나르네스 지자체에서 관리하는 시니어 아파트로 이사하셨다. 혼자 지내시는 아파트에서 여전히 클래식 음악을 즐겨 들으시고 같은 건물에 입주한 분들과 각종 체육, 오락, 공예 수업을 들으시며 노년을 즐기고 계신다.

무엇보다 이 집은 편안히 빈둥대기 좋은 곳이었다. 늦잠의 축복을 누리는 주말, 느지막이 일어나 2층으로 올라가면 시아버지가 아침 일찍 사다 놓으신 빵이 기다리고 있었다. 신문을 뒤적이며 맛있는 아침을 먹었다. 그리고 커피를 들고 바다가 보이는 소파에 앉아 가만히 바다를 바라보곤 했었다.

2008년 마른 하늘에 날벼락 같은 경제 위기가 아이슬란드에 닥쳤다. 아이슬란드 국민들이 갑자기 닥친 시련에 함께 맞선 이야기는 세계적으로 유명하다. 나는 2015년 한국 방송국의 아이슬란드 복지에 관한 다큐멘터리 제작에 참여하여 여러 아이슬란드 사회 인사들을 만났다. 이들은

경제 위기가 오히려 사회적으로 좋은 변혁의 기회였다고 말했다. 아이슬란드 사람들은 문제를 스스로 해결하려는 민족성을 발휘했고, 혼자 감당할 수 없는 큰 시련 속에서 가족애가 더욱 돈독해졌다. 사람들은 가족, 이웃, 친구들을 돌보았다. 엄마 아빠가 실직하여 어려워지면 할아버지 할머니가 손주들을 챙겼다. 정부는 국가 재정이 어려워진 상황에도 복지 예산을 늘려 대처했고, 사람들 사이에서는 관계망이 탄탄한 보완책이 되었다. 관계의 안전망과 복지 시스템이 함께 상승작용을 일으킨 것이다.

어른들은 어려움 속에서 아이들을 보호하기 위해 최선을 다했다. 가정, 학교, 사회가 함께 노력했다. 급식비를 내지 못하는 아이들이 있어도, 특수한 상황이었기에 독촉하지 않았다. 지방 정부가 이런 아이들의 급식비를 부담했고 취미 활동과 여름 캠프에도 참여할 수 있도록 지원했다.

아이슬란드도 이렇게 되기까지 시행착오를 겪었다. 한 정치 다큐멘터리를 준비하며 만났던 현 레이캬비크 시장 다구르 B. 엑게르손Dagur B. Eggertsson은 자신의 할아버지 이야기를 들려주었다. 엑게르손 시장의 할아버지는 20세기 초 극빈국이었던 아이슬란드에서 유년 시절을 보냈다. 집이 가난했던 할아버지는 학교에서 급식을 지원받았다. 그런데 빈곤 가정 아이들은 점심 시간이 되면 교실에서 나와 별도의 급식 장소에서 따로 점심을 먹었다고 한다. 그 시절만 해도 아이들의 자존감을 배려하기보다 빈부에 따라 차별된 처우를 하는 것을 당연하게 여겼던 거다. 이런 '시혜'는 어린 마음에 큰 상처가 되었고 할아버지는 훗날 정치인이 된 손자에게 이 이야기를 하시며 평등의 중요성을 강조하셨다고 한다.

아이슬란드와 한국은 생활 양식이 서로 비슷한 점이 많다. 온돌처럼 방바닥에 열파이프를 깔고, 집에 들어갈 때는 신발을 벗는다. 한국에서는 현실에 안주하거나 좁은 생각의 틀에 갇혀 있는 사람을 '우물 안 개구리'

라 부른다. '멍청하다'라는 아이슬란드어 헤임스쿠르heimskur는 집을 떠나지 않아 견문이 좁다는 말이다. 십시일반의 정신도 비슷하다. 우리나라는 두레나 품앗이로 서로를 도왔으며 잔치 때 떡을 하거나 맛있는 음식이 있으면 이웃과 나눠먹었다. 하지만 옛날에 대가족을 중심으로 서로를 챙기던 마을 정신은 요즘 한국에서 찾아보기 어렵다. 마을 살리기 사업 같은 노력도 있지만 여전히 고독사가 빈번하고 비극적인 가족 간 살인 사건도 종종 있다. 아이슬란드에 살면서 한국이 예전의 따뜻한 공동체 의식을 다시 찾을 수 있다면 얼마나 좋을까 더욱 절실하게 느끼곤 했다.

2016년 여름, 오랜만에 사이브뤄이트집 거실 소파에 앉아 커피를 마셨다. 아이는 거실 바닥에 배를 깔고 무언가에 열심이다. 꿀처럼 달콤한 순간이다. 아무것도 하지 않고 빈둥댈 수 있는 집이지만 그런 순간에도 집은 사회와 이어져 있다. 서로가 다름을 존중하고 보듬어 주는 마음으로 가족과 친구, 이웃이 연결되면, 안전하고 평화로운 사회가 된다. 나 역시 시부모님(더 올라가 할머니)이 만든 넉넉한 가족의 울타리에 잠시 들어와 이렇게 바다를 바라보며 이 순간을 즐긴다. 1층에서 아버지는 노동요를 크게 틀고 청소를 하신다. 어머니는 부엌에서 바닐라 향기 가득한 팬케이크를 굽고 계신다. 조금 있으면 와자지껄 손주들이 몰려들겠지.

2부

척박한 땅의 태평한 사람들 : 아이슬란드 스피릿

정말 하고 싶지 않다면 안 해도 돼

뮤지션이자 아이슬란드 음악에 관한 유명 블로거 닥터 군니Dr. Gunni는 음악으로 들끓었던 1981년을 아이슬란드 락 역사상 최고의 해라고 평한다. 그 시절엔 시내 모든 차고에서 밴드가 연습을 하고 있었다고 한다. 비틀즈가 60년대를, 디스코가 70년대를 풍미했다면 이제 펑크와 뉴웨이브 밴드의 시대였다. 앳된 얼굴을 한 펑크 밴드들이 쏟아져 나왔고 타피 티카라스Tappi Tíkarrass에서는 뵤르크Björk의 보이시한 모습도 볼 수 있었다. 나중에 뵤르크와 함께 슈가큐브스Sugarcubes를 결성한 에이나르 어른Einar Örn 역시 80년대 초에 활동한 밴드 푸르쿠르 필닉Purrkur Pillnikk 출신이다. 펑크 특유의 반항적 태도는 젊은이들에게 엄청난 사랑을 받았다. 다큐멘터리 〈락 인 레이캬비크Rock in Reykjavik〉(1982)는 열정적인 음악 에너지가 가득했던 그 도시를 기록한다. 이 다큐멘터리에서 당시 고등학생이었던 에이나르 어른은 말한다. "무엇을 할 수 있는지는 중요하지 않다. 무엇을 하느냐가 문제다." 악기를 연주할 줄 몰라도 음악을 하고자 한다면 펑크락을 하면 된다. 이 장을 쓰면서 나는 푸르쿠르 필닉의 앨범을 찾아 플레이해 본다. 짧은 템포에 거친 사운드, 제대로 흥이 돋는다.

아이슬란드 사람들은 자신들을 '두어do-er'라고 소개하길 좋아한다. 행동으로 보여준다는 거다. 문제가 닥치면 어디서 솟는지 알 수 없는 에너지로 해결한다. 화산 폭발에 대비하는 보고서에서도, 경제 위기 당시 사회적 약자를 보호하기 위해 마련한 복지 감시단에서도 스스로를 '두어'

라 칭하며 어떤 행동을 취할지 논한다. 한편 닥치지 않은 미래의 일은 염려하지 않는 편이다. 안 되는 이유를 찾으려 들면 백 가지, 천 가지가 꼬리에 꼬리를 물지 않을까. 하지만 작은 행동이라도 실제로 해 보면 머릿속에 똬리를 틀고 있던 걱정이란 뱀은 스르르 사라진다. 연주 실력이 부족해도 무대에 올라가면 공연을 하고야 만다. 소리를 지르고 격렬한 몸짓으로 공연을 만들어 낸다.

시계를 돌려 2014년으로 가 보자. 막무가내로 무대를 만들어 온 선배들의 음악 정신을 이어받은 한 레게 뮤지션이 "귀찮아"라고 노래한다. 귀찮아서 안 하겠단다. 밴드 오이바 라스타Ojba Rasta의 싱어 테이투르 막그누손Teitur Magnússon은 아이슬란드에서 가장 많이 쓰는 말 중 하나인 '넨니 에끼'(nenni ekki, 귀찮다)를 노래한다.

> Ég nenni ekki alltaf að lesa 읽기가 귀찮을 때도 있어
>
> Ég nenni ekki alltaf að skrifa 쓰기가 귀찮을 때도 있어
>
> Ég nenni ekki alltaf að mála 그리기가 귀찮을 때도 있어
>
> Hverju nenni ég þá? 그럼 안 귀찮은 건 뭐지?

'넨니'는 '굳이 −하다be bothered to'라는 뜻으로 볼 수 있다. 지금 상태가 편하지만 어떤 행위를 할 의사가 있다는 뜻이다. 부정어가 붙으면 귀찮으니 지금의 편안한 상태를 유지하겠다는 뜻이 된다. 넨니 에끼는 하고 싶지 않을 때 하지 않겠다고 말하는 '행동'이다. 그냥 일이 되지 않게 두는 우유부단함이 아니다. 확실히 '하기 싫다'고 부정하는 것이다. 부정함으로써 이미 선택은 했고 결정은 내려졌다. 읽기도 쓰기도 귀찮을 때가 있다. 밖에 나가기도, 운동을 하기도 귀찮을 때가 있다. 그냥 아무것도 안 하시

만 더 격렬하게 아무것도 안 하고 싶을 때도 있다. 쉬는 것도 적극적으로 '하는' 것이다. 넨니 에끼는 자신에게 솔직한 말이다. 정말 정말 학교에 가고 싶지 않은 날 학교를 가지 않는 것도 '쉼'을 결정하고 행동하는 것이다. 우리는 무한경쟁, 각자도생의 시대에 스스로를 끊임없이 채찍질하며 '노오력'을 한다. 하지만 달리다 지쳐 앞으로 고꾸라지기 전에 쉬어야 한다. 고꾸라지기 전에 가까스로 '넨니 에끼'를 생각해야 한다. 거리낌없이 선언한다. '하지 않겠다'고 선언해도 괜찮다. 잠깐이어도 된다. 미리 세워놓은 계획을 몸이 거부한다면 잠깐 멈추면 된다. 딱딱하게 뭉쳤던 어깨가 사르르 풀릴 것이다. 테이투르는 여유만만하게 계속 노래한다.

Ég nenni alltaf að elska 사랑하는 건 귀찮을 때가 없지

Ég nenni alltaf að drekka 마시는 건 귀찮을 때가 없지

Ég nenni alltaf að dreyma 꿈꾸는 건 귀찮을 때가 없지

Einhverju nenni ég þá 귀찮지 않은 무언가는 항상 있지

생긴 대로 산다—
낮은 대학 진학율, 일찍 독립하는 아이들

앞에서 소개한 '넨니 에끼'는 아이슬란드 사람들이 일상에서 자주 쓰는 표현이다. 일요일 아침 느긋하게 브런치를 먹으러 동네 빵집에 갔다가 앉을 자리가 없을 때 기다리기 싫다는 표현이 '넨니 에끼'다. 나라를 망치는 정치인들의 행태를 보다 가슴이 답답해지면 '넨니 에끼'라며 텔레비전을 꺼버린다. 그런데 아이들이 등교하기 싫다며 '넨니 에끼'를 주장하면 어떨까? 의무교육을 받는 초등학생은 안 된다 하더라도 머리가 다 큰 고등학생이 그렇게 주장한다면?

어떤 청년 이야기를 해보겠다. 초등 교육 10학년을 마치고 16세가 되어 레이캬비크 인문 고등학교 MHMenntaskólinn við Hamrahlíð에 진학했다. MH는 대학과 유사하게 학생들이 원하는 과목을 선택하고 교실을 찾아다니며 수업을 듣는다. 필수 과목을 수강하는 새 학년 첫 학기, 성적은 우수했다. 특히 아이슬란드어와 영어 성적이 좋았다. 그런데 2학기가 되니 고민이 되기 시작했다. 심리학은 재미있었지만 관심이 전혀 없는 덴마크어, 수학을 왜 3년이나 공부해야 하는지 납득할 수 없었다. 흥미 없는 수업을 억지로 듣는 것보다 친구들과 보내는 시간이 더 좋았다. 결국 그는 부모님께 공부가 재미없다고 말씀드렸다. 장하다며 등을 두드려 주시진 않았지만 크게 반대하지도 않으셨다. 꼭 공부를 하지 않더라도 다른 기회가 있기에 부모님은 더 이상 아이가 아닌 아들에게 학업을 강요하지 않았다.

사실 지금 학교를 그만두더라도 언제든지 원한다면 다시 학교로 돌아갈 수 있는 교육 시스템 덕에 담담하게 아들의 의견을 받아들일 수 있었다. 5살 위인 첫째 아들도 고등학교를 졸업하지 않고 작은 의류업체를 꾸려가는 중이었다.

17세가 된 청년은 그렇게 간단히 학교를 그만두고 일터로 출근하기 시작했다. 건설 현장에서 집을 짓고, 채식 식당에서 조리를 했다. 정신과 전문병원에서 환자를 돌보기도 하고 주택 수리 업체에서는 마루를 고치고 페인트칠을 했다. 성실하게 일하고 보수도 두둑하게 받았다.

25세가 되자 조금씩 청년의 내면에 또다른 변화가 찾아왔다. 이제 그는 독립해야겠다고 결심했다. 저축만으로는 자금이 부족해서 정부 기관인 주택기금HFF에서 대출받았다. 부모님의 도움은 없었다. 좀더 안정적인 제약회사로 이직도 했다. 100킬로그램짜리 포대를 들어 다른 재료들과 섞는 생산 부서였다. 건강한 몸이 있고 컴퓨터와 기계를 다루는 제약 프로세스를 배울 수만 있으면 충분했다. 미래도 보이는 직장이었다. 하지만 청년은 다시 한 번 선택의 갈림길에 섰다. 이대로 안정적인 커리어를 쌓을까, 만약 공부를 한다면 미술을 배우겠다고 마음먹은 것을 실천에 옮길까. 그는 다시 학교로 돌아가기로 결심했다.

하고 싶은 만큼, 하고 싶은 대로 살던 이 청년은 내 남편 칼이다. 나는 2001년 레이캬비크 예술학교Myndlistaskólinn í Reykjavík의 미술대학 예비 기초 과정에서 처음 칼을 만났다. 칼은 조용하지만 엉뚱한 성격의 친구였다. 말수가 적고 목소리도 작았지만 가끔씩 툭 내뱉는 말들이 아주 웃기거나 엉뚱하기 그지없었다. 레이캬비크 예술학교에서 틈틈이 저녁 드로잉 코스 등을 수강해 왔던 칼은 큰 어려움 없이 다음해 아이슬란드 예술대학 순수미술학과에 입학했다.

고등학교를 그만둔 이유를 물어보았더니 싱거운 대답뿐이다. 재미가 없었다다 재미가 없으면 그만두어도 되냐고, 끈기도 인생의 중요한 덕목이 아니냐고 다시 물어보았다. 그는 학업을 중단하는 게 재난은 아니라고 한다.

아이슬란드에서는 많은 청년들이 학업을 중단하고 일찍 사회에 진입한다. 2014년, 아이슬란드 통계청은 2004년 고등학교 입학생 4,830명의 학생들의 졸업 추이를 조사했다. 아이슬란드 고등학교는 4년 과정이지만 4년 만에 졸업을 못 하더라도 부족한 학점을 나중에 채우면 졸업이 가능하다. 2004년에 입학한 학생들 중 49%가 정규 기간인 4년 후 졸업하였고, 26%는 여전히 수업을 듣고 있는 중이었다. 나머지 25%는 휴학 상태이거나 학업을 중단한 상태였다. 총 졸업생의 비율은 65%로, OECD 국가의 3년 이내 고등학생 평균 졸업률 72%보다 한참 낮다. 이는 청년들이 쉽게 사회에 진입할 수 있기에 생기는 특징적인 현상이다. 민간에서는 학생들의 조기 이탈 비율을 낮추고자 4년이 아닌 3년 이내에 고등학교 과정을 마칠 수 있는 사립 학교를 신설하기도 하였다.

남편의 말대로 학교를 그만두어도 재난이 닥치지는 않는다. 교실을 떠난 청년들은 일터로 가서 출근 도장을 찍는다. 자신이 선택한 길이니 책임을 져야 한다. 당연히 끈기는 중요한 덕목이다. 정말 하고 싶은 것, '예그필라Ég fíla'를 찾는 데는 많은 시간과 경험이 필요하다. 학교라는 안전한 환경에서 주어진 수업 시간표를 따라가는 아이들도, 언젠가는 자신의 길을 선택해야 한다. 그것은 특권이자 의무다.

나는 칼에게 후회하지 않느냐고 물어보았다. 그는 학교를 그만둔 건 자신이 인생에서 가장 잘한 일이라고 말한다. 학업을 중단하고 다시 학교로 돌아가기까지 많은 것을 배웠기 때문이다. 산업 현장에서 기술을 체득

한 것도 좋았지만, 다양한 경험을 통해 자신이 원하는 게 무엇인지를 알수 있었다고 한다. '나를 아는 나'는 용감하다. 40년 동안 꼬박꼬박 월급을 받을 수 있는 직장을 포기하고 새로운 도전을 할 수 있는 용기도 그런 나에게서 왔다. 17세, 내 목소리를 무시하지 않고 얼렁뚱땅 내가 아닌 나로 살지 않는 엄격함을 배우기 시작한 나이였다.

다 함께 잘 살자—
해마다 납세왕을 발표하는 나라

아이슬란드에서 대학 졸업장이 그리 중요하지 않은 이유는 무엇일까? 이 나라의 노동 시장을 보면 알 수 있다. 아이슬란드는 인구가 적기 때문에 노동 가치가 상대적으로 높다. 그렇다 보니 노동자의 목소리를 대변하는 노동조합이 큰 영향력을 행사한다. 아이슬란드 노동 연맹 ASI에 따르면 아이슬란드 노동자 85-90%가 노조에 가입해 있다. ASI만 보더라도 조합원이 무려 11만 5천 명이다. 2015년 국세청에 소득을 신고한 노동 인구가 227,606명이니 이 중 절반이 ASI에 가입해 있는 셈이다. 육체 노동자, 일반 노동자들의 연맹 SGS, 상업 종사자들의 연맹 LIV, 전국 어부 노조 SSI, 공업 노조(자동차, 건축, 제철, 어망 생산업), 전자전기 노조(전화, 극장상영기기, 전기), 여행 가이드 노조, 승무원 노조, 요식업 종사자 노조, 헤어디자이너 노조 등 다양한 노동조합이 ASI로 한목소리를 낸다.

《프랴울스 베슬룬Frjáls Verslun》은 연간 11회 발간하는 경제지다. 1939년부터 나온 전통 있는 잡지지만 사람들이 많이 구독하는 편은 아니다. 그런데 이 잡지가 전년도 세금을 가장 많이 낸 사람들을 발표하는 7월이면, 아이슬란드 온 국민의 관심이 이 잡지로 쏠린다. 2016년 7월 1일《프랴울스 베슬룬》은 2015년 근로 소득세와 금융 소득세를 가장 많이 낸 3,725명을 발표했다. 단 13일 동안 판매하는 7월호는 시장통 유명 호떡보다 빨리 팔려나간다. 사람들은 이 명단에 아는 이름이 있나 하고 훑어본다. 사장 큰 관심을 모으는 건 단연 납세왕이라 불리는 전년도 최고 소득자의 이름이다.

2016년 납세왕(2015년 기준)은 제약회사 알보겐Alvogen의 설립자 겸 대표이사 아룬니 하르다르손에게 돌아갔다. 그는 2억 6천 5백만 크로나를 세금으로 냈다. 2015년 납세왕 타이틀을 쥔 어업선 선주 토르두르 랍 시구르손은 6억 7천 2백만 크로나를 냈었다. 그밖에 여전히 투자가들과 기업 대표들이 많은 이름을 올렸지만 눈에 띄는 직업도 있다. 여성 중 가장 세금을 많이 낸 토르뤄이그 구드문스도띠르(전체 12위)는 시골 마을 그린다비크 근처에서 양을 기르는 농장주다. 공동 4위는 25년 전 관광버스 회사 그레이라인을 설립하여 최근 급성장하는 관광업의 혜택을 톡톡히 본 토리르 가르다손과 시구도르 시구르손에게 돌아갔다.

총 납세액을 기준으로 납세왕을 발표하는 것 외에도 《프랴울스 베슬룬》은 직종별 최고 소득자들도 발표한다. 가령 2016년에는 예술 부문을 특별 조명했다. 이 부문에서는 세계적인 팝 밴드 '오브 몬스터즈 앤 맨Of Monsters and Men'이 상위권을 휩쓸었다. 5인조인데 그 중 3명이 나란히 1, 2, 4위에 이름을 올렸기 때문이다. 작가이자 변호사인 락그나르 요나손(남성 보컬, 기타)이 1위, 브린니야 레입손(기타)이 2위, 난나 브린디스 힐마스도띠르(여성 보컬)가 4위였다. 스포츠 분야에서는 헤어디자이너이자 보디빌더인 시구르칼 아달스테인손이 여자 축구 국가대표팀 감독 프레이르 알렉산데르손을 앞지르고 1위를 차지했다. 그의 한 달 소득이 180만 크로나(약 1천 8백만 원)였다니 아이슬란드에서 미용실 가기가 부담스러운 것도 이상한 일이 아니었다. 어업은 전통적으로 아이슬란드 산업 1위를 지키고 있는 분야다. 2016년에는 매월 460만 크로나의 소득을 올린 어선 선장 베룻구르 에이나손에게 영광의 1위가 돌아갔다.

《프라울스 베슬룬》의 납세왕 기사는 세금에 대한 아이슬란드 사람들의 시각을 잘 보여준다. 아이슬란드는 모두가 함께 걱정 없는 사회를 만들자는 사회적 합의를 투명하고 적극적인 납세 문화로 실천하는 나라다. 유치원부터 대학까지 국가가 교육비의 대부분을 부담하는 시스템에서 자란 아이슬란드 사람들은 사회에 애정과 자부심을 지니고 기꺼이 보답하려 한다. 노동자들은 비교적 높은 수준의 세금을 투명하게 낸다. 소득에 따라 세율은 다르지만 매월 37.13% 이상의 세금이 소득에서 잘려나간다. 무시할 수 없는 액수지만 이 세금으로 걱정 없이 아이들을 학교에 보내고, 병원에 가고, 노후가 보장된다. 세금은 사회 불평등을 해소하는 복지 제도의 피와 살이 된다는 걸 알기에, 많이 벌고 세금도 많이 내는 것을 자랑스럽게 여긴다.

아이슬란드 사람들에게 일은 자존감과도 같다. 처음 만나면 통성명을 한 다음 으레 "무얼 하시는 분인지요?"라며 직업을 묻는다. 무슨 일을 하는지가 한 사람을 드러내는 중요한 측면이라 여기기 때문이다. 앞에서 말했듯이 노동자의 권익을 소중하게 보장하고, 노동 현장에서는 동료들이 자신의 권리를 세세하게 서로 교육한다. 같은 일을 하는데 비정규직이라고 절반의 임금만 받는 것은 상상할 수도 없다. 임금 인상 협상은 물가상승율을 현실적으로 반영한다.

아이슬란드 통계청(2013)에 따르면 아이슬란드는 유럽 국가들 중 가장 소득 불평등이 적은 나라다. 이 조사에서 정의하는 '가난한 이들'은 평균 소득의 60% 이하를 버는 이들이다. 2012년 가난한 사람들의 비율은 유럽 평균 25%이었다. 아이슬란드는 12.7%였다. 한 나라의 소득 불평등 정도를 보여 주는 지니계수[10]에서도 2011년에 아이슬란드는 0.251로, OECD 국가들 중 3번째로 소득 불평등이 적다. 소득 불평등을 조사하는 또다른 지표 5분위 배율[11]을 보면 유럽 평균 5분위 배율이 5.1이고, 아이슬란드는 3.4다. 최상위 소득층과 최하위 소득층의 소득 차이가 비교적 적다는 뜻이다. 그만큼 부자가 되기 위한 경쟁 압박이 적다. 공정한 노동 시장과 불평등을 해소하는 복지 시스템, 이것이 바로 아이슬란드 사람들의 '다 같이 잘 살자'는 정신을 잘 보여주는 예 아닐까.

---

10 지니계수는 모든 사람이 동일한 소득을 가지는 완전 평등 상태를 0으로, 한 사람이 다 가지고 나머지 사람들이 전혀 가지지 못하는 완전 불평등 상태를 1로 표시한다. 1에 가까워질수록 불평등이 심하다는 것을 뜻한다.

11 5분위 배율(income quintile share ratio)은 소득 계층을 5분위로 나누어 최상위 소득 계층 5분위의 소득(상위 20%)을 최하위 1분위의 소득(하위 20%)으로 나눈 값이다. 2012년 한국의 5분위 배율은 5.76이었다.

다 잘 될 거야—
경제 위기 극복으로 세계를 놀라게 하다

이렇게 탄탄한 공동체를 가꾸어 온 아이슬란드도 파산 위기를 맞은 적이 있다. 아이슬란드는 작은 경제 규모에도 불구하고 금융 시장 자유화를 통해 금융 산업을 성공적으로 키워 왔다. 2000년대 초반 신자유주의 경제 체제가 전 세계를 한창 지배할 때, 아이슬란드 금융 산업은 끝이 없다는 듯 승승장구했다. 2008년 경제 위기 당시 아이슬란드 3대 은행의 자산은 국내총생산의 무려 10배였다. 그러나 2008년 9월 미국 리먼 사태 후 아이슬란드의 공룡 은행들이 하나둘 넘어지기 시작했다. 같은 해 10월, 글릿드니 은행이 제일 먼저 법정 관리에 들어갔다. 게이르 하르데Geir Haarde 당시 총리는 금융 위기 사태를 텔레비전 특별 발표로 알렸다. 총리는 "신이여, 아이슬란드를 보살피소서Guð blessi Ísland"라며 발표를 마쳤다. 같은 달 아이슬란드 금융감독원FME은 란스방키 은행과 퀴입싱 은행의 법정 관리를 발표한다.

3대 은행의 파산으로 위기의 쓰나미가 아이슬란드 국민들을 덮쳤다. 경제 위기 전 은행들은 고수익을 보장한 저축형 펀드를 안전한 재테크 상품인 것처럼 판매했고 많은 사람들이 거금을 잃었다. 평생 모은 연금을 잃은 노인들도 속출했다. 아이슬란드 화폐 크로나는 가치가 50-60% 하락했다. 부동산 가격은 25% 하락했다. 환율 연동 주택 대출로 집을 샀다가 대출금이 150-160% 늘어난 가정들도 있었다. 인플레이션은 20%를 기록했다. 수입에 의존하는 공산품 가격이 크게 올랐다. 인플레이션으로 물가 연동 대출 규모도 더 커졌다. 시민들의 구매력은 20% 이상 떨어졌다. 많은 기업이 파산하면서 실업률이 10%로 치솟았다. 전통적으로 2% 정도의 실업률을 자랑하는 아이슬란드에게는 충격적인 수치였다. 대출금을 갚지 못하고 집을 잃는 사람들이 늘어났다. 그야말로 신이 필요한 극한 상황이었다.

하루아침에 국가 파산 위기를 맞은 시민들은 목소리만으로 그 분노를 다 표현할 수 없었다. 수천 명이 의회 앞 어스투르벨리르 광장에 모였다. 사람들은 솥과 냄비를 들고 와서 부서져라 두드렸다. 음악가, 작가, 교수, 심리학자, 간호사, 유치원 교사, 화물 운전사들이 광장 무대에 올라 정부의 책임을 물었다. 2008년 10월 11일 토요일에 시작한 시위는 매주 토요일 약 3개월 동안 이어졌다. 시민들은 정부의 책임을 물으며 내각의 사퇴를 요구했다. 해가 바뀌어도 내각이 물러나지 않자 시위의 불길은 급격하게 커졌고 시민들은 주중에도, 한겨울 흑야 속에서도, 광장으로, 국무회의장 앞으로, 중앙 은행으로 모였다. 지난 크리스마스에 의회 앞을 밝혔던 대형 트리는 불살라졌다. 달걀, 눈뭉치, 심지어 돌을 던지며 시위가 과격해지자 의회를 보호하려는 경찰의 대치가 시작되었다.

2015년 나는 EBS의 다큐멘터리 제작에 참여하여 아이슬란드 전 복지부 장관 어그문두르 요나손을 인터뷰했다. 그는 당시 의회에서 목격한 시위를 회상했다.

"사람들이 달걀과 돌멩이를 넌지고 의회로 진입하려 헸으며 경찰은 의회를 지켰습니다. 험악한 분위기였고 대치 상황에서 경찰이 최루탄을 썼습니다. 1월 말 어느 저녁이었어요. 시위대가 피운 불로 광장은 환했지요. 정철은 의회 전물을 바낕에서 둘러싸고 내비하고 있었습니다. 의회 안에서는 몇몇 의원들과 경찰들이 바깥 상황을 보고 있었습니다. 군중이 던지는 돌멩이에 창문이 깨졌어요. 그때, 몇몇 사람들이 시위대를 나와 경찰들을 감싸기 시작했습니다. 시위대에서 하나둘 이탈한 사람들은 경찰들을 포옹하며 보호벽을 만들었습니다. 내 곁에 서 있던 경찰관이 내 어깨를 잡으며 말했어요.

'세상에! 이제야 우리는 집으로 돌아왔군요. 다시 아이슬란드 집으로 돌아왔어요.'

분노로 잠시 이성을 잃었던 시위대도 경찰들은 자신의 일을 하고 있을 뿐임을 깨달은 거죠. 그들도 아이를 기르고, 대출이 있고, 늙어 힘이 빠진 어머니가 병원에 계시는 같은 시민임을 깨달은 겁니다."

시민들은 누군가의 명령에 의해 움직이지 않았다. 광장에 모여 함께 분노를 표출했지만 하나하나 살아 있는 개인이기도 했다. 폭력은 안 된다고 판단한 개인들은 바로 행동에 나섰다. 보호벽을 만들어 내 이웃이며 친구이고 친척인 경찰관들을 감쌌다.

보통 아이슬란드 사람들은 유머 감각을 최고의 덕목으로 꼽는다. 썰렁한 아재 개그라 해도, 웃음을 나누며 어색한 분위기를 바꾼다. 하지만 그날 광장에서는 웃음이 사라졌다. 미소 대신 적의로 서로를 대한 2008년 어스투르벨리르에서 아이슬란드도 사라진 것 같았다.

2016년 여름, 다시 찾은 광장은 더 이상 분노의 광장이 아니다. 22도라는 믿기지 않는 여름 날씨에 시민들은 일광욕을 하고 있다. 커피를 들고 앉은 사람들, 자리를 펴고 브런치를 즐기는 사람들도 있다. 아기들은 공원을 내달리다 엄마 아빠에게 안기며 까르르 웃음을 터뜨린다. 한때 폭력 사태까지 치달으며 아이슬란드의 정신이 사라졌던 공원에는 다시 웃음이 가득하다. 의회가 잘 보이는 공원 한편에는 2008년 뜨거웠던 분노를 기억하는 기념비가 세워졌다. 거대한 바위를 쪼개버린 확성기가 형상화되어 있다. 마치 가만히 의회를 주시하며 '똑바로 하라!'고 외치는 듯하다.

'다 잘 될 거야'는 아이슬란드 사람들이 많이 쓰는 표현이다. '세따 렛다스트Þetta reddast'라고 한다. 어떤 문제에 부딪혔을 때 구체적인 해결책이 없으면서도 해결될 것이라고 믿는 말이다. 무한 긍정이다. '이 또한 지나가리라This too shall pass'와도 비슷하다.

'세따 렛다스트'를 유난히 많이 들었던 경험이 있다. 2015년 EBS 〈다큐프라임〉에서 자살이라는 키워드로 아이슬란드, 그리스가 경제 위기에 어떻게 대처했는지를 비교하여 제작한 특별편에 참여했을 때였다. 경제 위기 당시 재정부 장관, 복지부 장관, 특별 복지 대책 위원회 및 경제학 교수, 정신의학과 교수까지 다양한 분들을 만났다. 아이슬란드가 7년 만에 금융 위기에서 벗어났다는 대외적 평가를 받는 비결을 물었다. 사회적 약자를 보호하는 복지 시스템이 효과를 잘 발휘했고, 긴축을 일방적으로 명령하는 IMF식을 따르지 않고 병원 등 현장을 방문하고 토론을 거쳐 긴축 재정 의견을 수렴한 다음 진행했다는 대답을 들을 수 있었다. 그런데 동시에 많은 이들이 '세따 렛다스트'와 확장된 가족애를 핵심 비결로 들었다.

파산한 아이슬란드 은행 란스방키가 외국에 진 부채 40억 유로(당시 아이스세이브라고 불린 고금리 예금)는 아이슬란드 성인 인구로도 모자라 미래의 자손들까지 갚아야 할 액수였다. 시민들은 아이들에게 빚을 물려줄 수 없다고 저항했다. 안 되는 건 알겠는데 그럼 해결책은 있느냐고 물어도 답은 없었다. 모르겠지만, '세따 렛다스트'였다. 북반구의 쿠바가 될지도 모른다며 빚을 갚자고 한 이들도 있었다. 하지만 2010년 4월, 2011년 3월 두 차례에 걸친 국민 투표를 통해 갚지 않는 쪽이 더 많이 득표했다. 국민들의

척박한 땅의 태평한 사람들 : 아이슬란드 스피릿

59%가 '세따 렛다스트'라고 한 것이다. 결국 아이스세이브 사안은 유럽자유무역연합EFTA으로 넘겨졌다. 2013년 1월 28일, 놀랍게도 유럽자유무역연합은 아이슬란드 국민들이 40억 유로를 영국과 네덜란드에 갚을 의무가 없다고 판결했다. 다 잘 될 거라는 정신으로 경제 위기를 극복한 아이슬란드의 이야기는 유명해졌다. 물론 이런 막무가내 정신은 제대로 작동하는 사회 안전망을 믿었기에 가능했을 것이다.

이 책을 쓰기 위해 아이슬란드를 여행했던 지난 여름, 우리 일행에게 갑자기 닥쳤던 위기를 떠올려 본다. 아침 내내 하이킹을 한 탓에 모두 지쳐 있었다. 차가 빠른 속도로 내리막길을 달리던 중 갑자기 남편이 핸들을 좌측으로 꺾더니 엄청난 속도로 좌측 도로를 가로질렀다. 실수로 갑자기 일어난 일이었다. 갓길이랄 것이 없어 차는 비탈길을 따라 내려가 쿵하고 내리꽂았다. 몸이 앞으로 쏠리고 나는 남편 어깨를 잡았다. 뒷좌석일행들도 깜짝 놀라 잠에서 깼다. 속도를 줄였으나 차는 계속 달렸고 한번 더 앞머리가 내리꽂히고 비명이 터졌다. 남편은 비장한 얼굴로 핸들을 꼭 붙잡고 있었다. 겨우 감속에 성공하고 차가 멈췄다.

안전벨트를 하지 않았다면 상상하기도 싫은 일이 벌어졌을지도 모른다. 숨을 겨우 돌리고 사태 파악에 나섰다. 견인차를 불렀더니 아쿠레이리에서 출발하면 한 시간이 걸린다고 했다. 발을 동동 구르는 와중에 농지에서 한창 건초를 모으고 있는 농부가 눈에 들어왔다. 아이슬란드 사람답지 않게 무관심한 모습에 좀 어이가 없었다.

나는 저녁을 약속한 이들에게 연락을 하려고 사고 현장을 빠져나왔다. 차가 처박힌 언덕은 엉망이었다. 풀로 뒤덮여 있던 짙은 갈색의 땅이 깊이 팬 모습을 보니 아까 무섭게 달리던 순간이 생각나 아찔했다. 차는 앞 범퍼와 램프가 손상되었고 보닛은 페인트가 조금 벗겨졌다. 큰 손해가 없는 것이 기적이다. 그러고 있는데 도로 건너편 농장에서 젊은 부인이 내려왔다. 어찌나 반갑던지.

부인은 농가로 돌아가 먼저 양 이탈 방지용 전선의 전기를 차단한 다음, 집에 있던 남편과 함께 돌아왔다. 죄송하다는 말에 손사래를 치며 아무 염려 말란다. 농부는 잠시 주변을 둘러보더니 견인차가 없어도 차를 올릴 수 있을 것 같다며 차 앞에 걸려 있는 전기선을 바닥에 내려주었다. 차는 농지를 가로질러 도로로 다시 올라갔다. 이렇게 간단하게 문제가 해결되다니 너무나 고마웠다. 마음씨 좋은 부부는 도로 위에서 엄지를 치켜세우고 인사를 했다.

아까 견인차를 기다리는 동안 건초 작업을 하던 농부가 다친 사람은 없는지 묻지도 않는 모습에 실망했었다. 하지만 젊은 부부가 나타나고 몇 마디 이야기를 나누는 동안 서운한 마음은 눈 녹듯 사라졌다. 차 주변을 살피는 농부를 보니 아이슬란드 사람들 특유의 적극성으로 함께 문제를 해결할 수 있겠구나 하는 기대심도 생겼고, 마음도 조금 평온해졌다. 그리고 실제로, 견인차를 쓰지 않고도 문제는 쉽게 풀렸다. '세따 렛다스트'는 문제를 해결하는 시작점이 된다. 잘 될 거라며 믿어 보라는 이웃이 곁에 있으면 어려운 문제도 더 쉽게 풀리는 것 같다.

믿어 보자, 다 잘 될 거야!

3부

—

일상이 예술이다 : 아이슬란드 라이프

타닥타닥 화목난로가 멋진 전원 주택—
스테이눈과 붓비

나도 여느 아이슬란드 청년들처럼 다양한 일터를 거치며 초보 어른이 되었다. 유치원, 도축장, 초등학교, 병원, 노인요양원, 펍, 스시 식당, 서점, 극장 매점, 스포츠 의류 회사 등이었다. 대부분 육체 노동을 하는 일터였고, 다양한 사람들을 만날 수 있었다. 유치원에서는 3-5세 아이들이 아이슬란드어를 가르쳐 주었다. 요양원에는 알츠하이머로 말을 잃고 몸과 마음으로 말하는 노인들이 있었다. 극장 매점에서 고등학생들과 팝콘을 만들었고, 서점에서 아르바이트를 할 때는 VR 노조에 가입한 동료들이 내 권익에 대해 가르쳐 주었다. 이렇게 직장은 내가 이국 사회에서 고립되지 않고 사람들과 어울려 살아가게 하는 중심점이었다. 삶의 현장에서 만난 사람들 모두가 내게 좋은 스승이었다.

아이슬란드에서 합법적인 노동자 지위를 얻는 것이 쉬운 일은 아니다. 아이슬란드 외국인 이주 정책의 근본 철학은 내국민 보호다. 유럽 외 지역에서 온 신참 노동자들은 처음 몇 년간은 직장을 자유로이 옮길 수 없다. 노동허가권이 노동자가 아닌 사용자에게 발급되기 때문이다. 고용주는 필요한 인력을 국내에서 찾을 수 없을 때 외국인 노동허가증을 신청한다. 이렇다 보니 외국인이 일할 수 있는 영역은 아이슬란드인이 꺼리는 소위 3D 직종이 대다수다. 그래도 2010년 이후 관광업이 호황을 맞으면서 영어 사용자는 다양한 서비스업에 종사할 수 있게 되어 상황이 많이 달라졌다.

이런 노동 조건에서 내가 아이슬란드에 정착할 수 있게 도와준 분들이 있는데 바로 스테이눈과 붓비 부부다. 교환 학생 시절 북쪽 마을 블런두오스에서 반년을 보낸 후 나는 레이캬비크로 다시 돌아왔다. 교환 프로그램은 6개월이 남았는데 나를 맡아 줄 결연 가족이 나타나지 않았다. 그때 한 해 전 콜롬비아 교환 학생을 집으로 받아 준 경험이 있던 스테이눈과 붓비 부부가 나를 임시로 맡아 주었다. 처음에는 임시 결연이었다가 6개월로 연장했고, 결국은 교환 프로그램이 다 끝난 이후에도 우리 관계는 계속 이어졌다. 스테이눈과 붓비는 내가 일반인 신분으로 아이슬란드에서 일하며 살 수 있는 방법을 함께 알아봐 주었다.

당시 외국인 관련 정책은 외국인 감시국이 관할했다. 지금은 외국인국Útlendingastofnun으로 이름이 바뀌었다. 세상 편한 내 나라를 두고 '감시' 대상인 외국인이 되는 건 쉬운 일이 아니었다. 나는 수의학과를 졸업한 이력을 이용해 펫숍에서 일할 수 있었다. 펫숍 사장이 스테이눈과 잘 아는 사이였기에 가능했다. 나를 수양딸로 부르는 이분들 덕분에 여느 아이슬란드 학생들처럼 주말과 방학에는 일하고 주중에는 학교를 다닐 수 있었다. 세상 물정에 어두운 내게 스테이눈과 붓비는 어린아이에게 하듯 아이슬란드의 생활을 내 손에 꼭 쥐어 주었다. 어느 순간 손을 펴 보니 그 속에는 경제적으로 독립한 초보 어른이 있었다.

2016년 여름, 스테이눈과 붓비를 다시 만났다. 이들은 2009년에 건강상의 이유로 20년간 정들었던 집을 떠나 모스펠스바이르에 있는 작은 마을 스벤스에이리Sveinseyri로 이사하였다. 관절염에 시달리는 노부부에게 레이캬비크의 3층집에는 계단이 너무 많았다. 스벤스에이리 집을 사고 집 상태가 좋지 않아 일부만 남기고 철거했다. 남은 옛집의 일부를 확장하고 대대적인 수리에 나섰다. 목수를 고용해 지붕을 새로 놓고 화목 난로를 들였다. 노부부는 알뜰한 솜씨로 다락방이 있는 전원 주택을 완성했다. 미술을 전공한 스테이눈은 동료 작가들의 작업을 평생 모아 왔다. 벽에는 작품이 빼곡히 걸려 있고 창가와 커피 테이블에도 지인들의 도예품을 놓았다.

정원 한컨에는 바닥에 온수 파이프를 깐 온실이 있다. 두 벽면과 천장이 유리라 사방에서 햇빛이 들어와 화사하고 아늑하다. 스테이눈은 이곳 안락의자에 앉아 뜨개질을 하며 고양이들과 많은 시간을 보낸다. 젊은 시절 울제품 디자이너로 일한 그녀는 가족들의 스웨터쯤은 뚝딱 만든다.

모스펠스바이르는 주말이면 채소와 꽃을 키우는 주민들이 파머스 마켓을 여는 자연친화적 마을이다. 스테이눈과 붓비의 집은 이 초록 마을에서도 특히 숲 속에 숨어 있는 듯한 집이다. 도로에서 사유지로 들어오는 작은 길을 지나면 집이 보인다. 키 큰 나무들이 만든 터널은 아이슬란드에서도 쉽게 보기 힘든 매혹적인 풍경이다. 집의 오른쪽에는 냇물이 흐르고 나머지 삼면은 숲이 둘러싸고 있다. 집 앞에는 꽃밭을 꾸며놓았다. 야생화 같은 연보라빛 스윗 로켓은 수수하면서도 풍성하다. 붉은 주황빛 양귀비는 초록색 정원에서 금방이라도 튀어나올 것만 같다. 키 큰 디기탈리스는 작은 종 모양 꽃들이 옹기종기 달렸다. 강렬한 핑크색 작약도 흐드러졌다. 온실에는 애지중지 기르는 사과, 토마토, 배가 열매를 맺어 간다. 부부는 날씨 좋은 여름날이면 꽃들과 함께 뒤편 정원에서 햇살을 즐긴다.

닭 일곱 마리가 사는 작은 오두막도 있다. 여름이면 닭들은 숲을 놀이터 삼아 돌아다닌다. 풀어서 자유롭게 키우는 암탉들은 좋은 알을 낳아주고, 유일한 수탉 유시는 붉은 벼슬과 짙은 청록빛 꼬리털을 빳빳이 세운 채 늠름하게 암탉들 곁을 지킨다. 개 한 마리, 고양이 네 마리, 닭 일곱

　　일상이 예술이다 : 아이슬란드 라이프

마리를 기르는 이 집은 이미 동물 농장인데 부부는 집 앞 개천에 온 오리들의 겨울나기까지 돕는다. 엄마를 따라다니는 보송보송한 오리 아기들이 귀여워 동네 빵집에서 먹이를 구해오는 수고도 마다하지 않는다.

붓비(66)는 오래 당뇨를 앓다 최근에는 류머티즘, 노년성 황반 변성으로 왼쪽 시력을 잃고 장애인 판명을 받았다. 오른쪽 시력도 아주 약하다. 사회보험관리국에서 매달 장애인 연금을 받는다.

시사 라디오 제작자로 오랫동안 일했던 붓비에게 글과 말은 생명과도 같다. 그런데 눈이 나빠져 장시간 책을 읽을 수 없게 되었다. 그런 붓비에게 소중한 보물이 있는데, 언뜻 봐서는 그냥 둥근 플라스틱 상자처럼 생긴 웹캐스트 기기다. 웹캐스트는 시각장애인 연합이 제공하는 서비스로 인터넷에 연결된 음성 합성 장치가 신문을 읽어 준다. 또한 아이슬란드 오디오북 라이브러리와도 연결되어 있어 집에서 편하게 오디오북을 빌릴 수 있다. 인터넷과 웹캐스트로 세상과 소통하고 있지만 운전을 할 수 없어 집 밖으로 나가기는 쉽지 않다. 외출할 일이 있으면 지자체에서 제공하는 이동 서비스를 이용한다. 이 서비스는 앞으로 택시 회사에 위탁하여 더 편리해질 예정으로, 버스 이용료 정도로 콜택시를 부를 수 있게 된다.

붓비는 지난 겨울 강도 높은 재활 운동으로 몸이 좋아졌다고 한다. 자연치료협회NLFI Spa and Medical Clinic에서 한 달 정도 머물며 통증 완화와 스트레칭을 위한 물리치료, 수중체조, 수영, 마사지 등의 프로그램을 제공받았다. 치료비는 개인 부담금이 약 5만 크로나였고 그 외에는 국가사회보험기금이 대부분 지원한다.

붓비에게 싱발라바튼 호수로 숭어 낚시를 가자고 했다. 싱벨리르 출신으로 젊은 시절 낚시를 좋아했던 붓비는 흔쾌히 채비를 했다. 반나절이 넘도록 고기 한 마리 건지지 못했지만 이제는 할아버지가 된 붓비와 소

중한 시간을 보냈다. 천창으로 떨어지는 빗방울을 보며 한국을 떠올리곤 했던 정겨운 레이캬비크 옛집은 이제 찾아갈 수 없다. 하지만 스벤스에이리의 일상에 잘 적응한 이 소중한 이들을 오래 오래 만날 수 있길 바란다.

저녁이 있는 삶—
멀티미디어맨 욘과 아수타

한국의 한 정치인이 내걸었던 '저녁이 있는 삶'이라는 표어가 있었다. 그게 어떤 모습인지 나는 아이슬란드에서 배웠다. 교환 프로그램 첫 6개월 동안 함께 지낸 결연 가족 욘과 아수타 부부에게서다. 이분들은 ICYE International Cultural Youth Exchange 교환 프로그램차 한국으로 간 첫째 아들의 빈자리에 나를 초대했다. 욘과 아수타는 나에게 헬가라는 아이슬란드 이름을 지어 주고 아이슬란드어를 가르쳐 주셨다. 당시에는 북쪽의 작은 마을 블런두오스Blönduós에서 살았는데 2000년에 아이슬란드의 두 번째로 큰 도시 아쿠레이리Akureyri로 이사하였다.

흑야가 이어지는 어두운 겨울, 버스도 신호등도 없던 작은 마을 블런두오스에서 나는 사람들과 어울려 즐겁게 여가를 보내는 법을 배웠다. 가족들은 오후 4시면 학교와 직장 일정을 마쳤다. 아이슬란드에서는 아침 8시에 일과를 시작하고 보통 하루 8시간 근무하므로 퇴근이 이른 편이다. 아이슬란드 사람들은 스스로를 '책 민족book-nation'이라 부를 정도로 책을 좋아하는데 이 가족은 다른 취미 활동도 많이 했다. 교회 합창단에서 노래를 부르거나 아마추어 극단에서 뮤지컬 연습을 하며 여가를 보냈다. 나도 이들과 함께 교회 합창단에서 노래하거나, 엑스트라로 뮤지컬 무대에 서기도 했다. 아무 일정이 없는 저녁이면 친한 이웃이 늦은 저녁 커피를 나누기 위해 찾아오곤 했다. 욘의 추천으로 일하게 된 도축장에서

만난 농장주 아주머니를 따라 농장 구경도 하고, 할로윈과 비슷한 명절인 어스쿠다구르Öskudagur에는 막내 라우라를 따라 동네 아이들끼 눈밭을 헤치며 초콜릿 사냥에 나섰다.

십수 년 만에 만난 욘과 아수타는 힘찬 포옹으로 우리를 맞았다. 38년차 부부의 집은 예전 블런두오스 집을 그대로 옮겨온 것 같다. 적포도 주색 소파와 커피 테이블도 그대로다. 예전에 내가 아수타에게 뜨개질을 배워 담요 한 장을 다 뜨는 동안 편안히 안아 주었던 소파다. 욘과 아수타는 오랜만에 찾아온 손님을 위해 옛 사진첩을 커피 테이블에 올려 두었다. 사진첩에는 어린이 뮤지컬 무대에 선 앳된 얼굴의 나도 있고, 꽁꽁 언 연못에서 가족들과 스케이트를 타며 활짝 웃는 나도 있다. 같이 일했던 유치원 보육교사 할머니가 짜 주신 빨간 털모자를 눌러 쓴 모습이다. 욘과 아수타는 나를 온갖 모험에 적극적이었고 낯선 언어도 열심히 배우던 꼬맹이로 기억하고 있다. 클라리넷을 입에 문 내 사진을 보며, 욘은 내가 음악 선생님의 이름 스카르프헤이딘Skarphéðinn을 발음하지 못해 스콜피온이라 불렀었다며 웃는다. 재미있는 일화가 또 있다. 욘이 설거지와 저녁 식탁 정리를 하는 모습을 보고 내가 걱정 어린 목소리로 "부부 싸움이라도 하셨나요?"라고 물었었다고 한다. 그때만 해도 나는 전통적인 성역할에 익숙했던 것이다.

아쿠레이리의 한 기업체에 근무하는 욘(67)은 은퇴할 수 있는 나이지만 일곱 살 연하의 아수타가 일하는 동안 계속 일하는 편을 택했다. 이 부부는 지금도 동네 교회 합창단에서 활동한다. 욘은 사진과 동영상 제작에도 관심이 많다. 카메라와 컴퓨터를 둔 작은 방에는 욘이 젊은 시절 출연했던 영화 포스터가 붙어 있다. 욘의 사진 아카이브에는 아이슬란드 북부를 여행하며 찍은 폭포 풍경이 가득하다. 페이스북에 배경 음악을 넣어

서 폭포 슬라이드쇼를 공유하기도 했다. 직접 찍은 단편 영화도 있다. 아이슬란드 전래동화 킬리트루Gilitrutt에 바탕을 둔 단편이다. 손녀이 친척 이이들이 젊은 농장 부부, 여자 트롤로 출연했고 욘은 내레이션과 편집을 맡았다.

욘과 아수타는 내가 고기를 먹지 않는 걸 기억하고 오븐 생선 요리를 해주셨다. 아늑한 손님방도 내어주셨다. 우리는 집주인의 마음처럼 포근한 침대에서 아이슬란드를 반바퀴 돌며 쌓인 피로를 잘 풀었다.

다음 날 아침, 아쿠레이리 마을 탐방 가이드로 선뜻 나서준 아수타는 뜨개질을 하며 조용히 우리가 일어나기를 기다려 주셨다. 잘 차려둔 아침 식사와 함께.

승무원, 가구 디자이너에 도전하다—
헤이다의 새로운 꿈

2002년 나는 아이슬란드 국립예술대학 입학 시험에 통과했다. 그리고 비슷한 열정을 가진 스물여섯 명의 친구들을 얻었다. 친구들은 말이 잘 통했고, 학교와 일터만 오가며 단조로웠던 생활에 활력을 주었다. 지금은 모두가 중년이 되었고 미술 작업을 하지 않는 친구들도 많다. 이들은 내가 언제까지나 아이슬란드를 사랑할 수밖에 없는 이유다. 이 다정한 친구들 중 한 명의 이야기를 해보려고 한다.

헤이다(Heiða, 1977년생)는 아이슬란드 와우wow 항공의 승무원이다. 비행이 없는 날이면 레이캬비크 기술고등학교Iðnskólinn í Reykjavík에 다니며 목가구 디자이너의 꿈을 키우고 있다. 벌써 5학기를 다녔으니 졸업하고도 남지만 학교의 훌륭한 장비들과 작별하기 싫어서 졸업을 미루고 있는 문제 학생이다. 고등학교 과정이라 만 16-18세 아이들과 함께 수업을 듣고 실습을 한다. 헤이다의 도움으로 나는 이 학교를 취재할 수 있었다.

학생들이 없는 한산한 학교 실습실에 들어섰다. 여름 햇살이 환하게 가득하다. 서울 동네 목공소에서 작업하는 아마추어 목수인 나에게는 꿈 같은 공간이다. 정갈한 작업대 위에는 학생이 만든 의자가 놓여 있다. 진짜 목수의 작품이라 해도 손색이 없을 만큼 아귀가 잘 맞고 파리가 앉으면 미끄러질듯 마감도 훌륭하다. 이 학교에서는 유명한 디자이너의 작품 하나를 골라 만들어 보면서 디자인을 공부할 수 있게 한다.

헤이다는 대학에서 순수미술을 전공했기에 몇몇 이론 과목을 면제받았다. 이러한 학점 은행제는 헤이다가 푼타인으로 일하면서도 새로운 공부를 할 수 있는 든든한 힘이 되었다. 등록금은 학기당 35,000크로나로 크게 부담되지 않는 수준이다. 재료비의 일부는 장학금 형식으로 학교에서 받는다.

헤이다가 만든 가구들을 보러 베스투르바이르Vesturbær에 있는 그녀의 집을 찾았다. 플리드루그란디Flyðrugrandi 아파트는 3층 건물 각 층마다 열다섯 가구가 길고 낮게, 반원형으로 배치되어 있다. 런던의 유명 건축물 바비칸센터Barbican center를 닮았다.

집 내부는 건물의 여느 아파트처럼 한 면을 전면창으로 만들어 채광을 최대한 확보하였다. 거실과 연결된 베란다는 면적이 거실의 반은 될 만큼 널찍하다. 여름날 여유롭게 햇살을 즐기는 공간이다. 북쪽 사람들의 유별난 햇빛 사랑은 건축 설계에서도 이렇게 나타난다.

헤이다가 혼자 사는 집은 간결하면서도 아늑한 북유럽 인테리어의 정수를 보는 듯하다. 헤이다는 원래 부엌에 있던 가벽을 철거해 거실이 탁 트이게 만들었다. 고층 건물이 없는 동네라 창문 밖으로 초록색 정원과 그 너머 하늘이 시원하게 펼쳐진다. 나무바닥과 흰 벽으로 배경을 꾸미고 간결한 가구를 큼직큼직하게 놓았다. 그리고 아기자기한 소품으로 디테일을 더한다.

아직 프레임만 있고 완성 전인 안락의자가 있었다. 유명 디자이너 한스 웨그너Hans Wegner의 CH 25를 그대로 따라 만든 것으로, 학교 실습실에서 본 것과 같은 디자인이다. 독일산 오크 프레임은 천연 비누로 마감했다. 비누로 가구를 마감하는 것은 전통 스칸디나비아식이다. 현관 입구에는 손수 만든 장을 놓았다. 물푸레나무로 프레임을 만들고 갈대를 촘촘

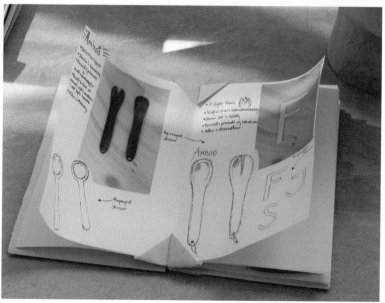

일상이 예술이다 : 아이슬란드 라이프

일상이 예술이다 : 아이슬란드 라이프

하게 엮어 문을 만들었다. 장 내부에는 선반과 서랍이 있어 LP판부터 냅킨까지 잡다한 물건을 수납한다. 집안을 장식한 소품들은 에미레이트 항공사에서 일하던 시절 세계 곳곳에서 모은 것이다. 여러 차례 방문했던 한국에서 온 나비 장식 오르골도 있다. 앙증맞은 토끼 모양 설탕통은 일본에서 왔다.

헤이다는 취향에 맞는 가구를 찾기 위해 기꺼이 발품을 팔고 시간을 들인다. 화사한 노란색의 1인용 안락의자는 지금은 없어진 앤티크숍 프리다 프랭쿠에서 장만했다. 아이슬란드에는 흔하지 않은 장미나무 의자다. 사포질을 하고 기름칠을 한 뒤 천을 갈아끼우니 새것처럼 윤이 난다. 창고에는 새로 태어나길 기다리고 있는 3인용 소파도 있다고 한다.

헤이다가 학교를 졸업한다고 바로 가구 디자이너로 활동할 수 있는 것은 아니다. 아이슬란드에서는 가구 디자이너를 도제 방식으로 키운다. 마스터의 작업실에서 18개월 동안 견습 기간을 거쳐야 한다. 견습공은 현장에서 생생한 전문 기술 교육을 받는 대신 최저 임금만 받는다. 그렇게 마스터 과정을 마쳐도 정식 작업실을 차리는 데는 상당한 비용이 든다. 그래서 많은 이들이 직장을 찾아 외국으로 간다. 헤이다도 마스터 과정을 시작해야 할지 고민이 많다. 직장을 그만두는 것도 외국으로 가는 것도 쉬운 일은 아니다. 하지만 지난 다섯 학기 동안 목가구 수업을 들으며 업홀스터리(의자나 소파 같은 가구의 천을 바꾸는 기술)와 같은 또 다른 영역에 도전해 보고 싶어졌다. 헤이다는 지난 10년의 세월 대부분을 승무원으로 일해 왔지만, 예술대학에서 공부했던 것과 관련 있는 분야로 한걸음씩 다가가고 있었다. 조급하지 않게 자신의 페이스로 길을 찾아가는 모습이 멋지다. 지금 헤이다는 지구 반대편에서 또 어떤 새로운 도전을 하고 있을까.

도예가의 집—
활기찬 레이캬비크 시내 탐방

헤이다가 목가구 디자이너 과정을 밟고 있는 레이캬비크 기술 학교 바로 옆에는 레이캬비크의 랜드마크인 할그림스 교회Hallgrímskirkja가 있다. 주상절리처럼 날씬하고 곧게 솟은 이 교회를 카메라에 멋지게 담을 수 있는 명소로 관광객들이 북적이는 길이 있는데 바로 스콜라버르두스티구르Skólavörðustígur다. 이 길은 쇼핑 거리인 뤼이가베구르Laugavegur와도 연결된다. 먹거리, 볼거리가 가득해 유유자적 거닐며 재미난 시간을 보내기 딱이다.

바발루Babaloo는 실내 가득 소품과 보드 게임 등을 채워 아늑하면서도 히피스러운 분위기의 카페다. 원래 2층에 있던 이 카페는 인기를 얻어 몇 년 전 1층까지 공간을 확장했다. 스콜라버르두스티구르 풍경이 한눈에 잘 들어오는 테라스는 햇살이 좋은 날이면 '광합성'을 하기 좋은 곳이다.

1958년에 문을 연 모카 카페Mokka Kaffi는 역사와 전통이 살아 있는 곳이다. 아이슬란드 현지인들도 즐겨 찾으며 초콜릿을 녹여 만든 핫초콜릿, 잼과 생크림을 곁들여 내는 와플이 유명하다. 예술가들의 작품을 무료로 전시해 주는 등 문화가 살아 있는 카페이기도 하다.

식사할 곳을 찾는다면 구르메 식당 오스타부딘Ostabúðin을 추천한다. 점심 시간에는 착한 가격의 생선 요리를 내놓는다. 2008년 경제 위기 당시 주머니 사정이 나빠진 시민들을 생각해서 가격을 올리지 않아 인기를 얻었다. 또 퓨전식 누들수프 전문점 누들루스카울린Núðluskálin에도 가 보자.

일상이 예술이다 : 아이슬란드 라이프

생강이나 고추의 매운 맛을 찾는다면 추천한다. 젊은 셰프가 요리하는 토미토 베이스의 이탈리아식 수프, 코코닛 밀크 베이스의 태국식 수프, 생강과 마늘로 맛을 낸 오리엔탈식 수프 등을 맛볼 수 있다.

점심을 든든히 즐긴 후엔 눈요기로 상점들을 기웃거려 보자. 사진 가게 포토그라피Fótógrafi는 전직 아이슬란드 국영방송국 기자였던 주인이 운영하는 곳이다. 특별한 감성의 흑백 사진들을 감상할 수 있다. 토르스테인 베르그만Þorsteinn Bergmann은 시골 감성이 따뜻하게 느껴지는 빈티지한 부엌 살림을 싼 가격에 장만할 수 있는 곳이다. 당신의 귀를 즐겁게 해줄 공간들도 있다. 앙증맞은 목조 건물 톨프 토나12 Tónar에도 들어가자. 가정집 거실처럼 꾸민 음악 감상실로 유명한 곳이다. 아이슬란드 음악에서부터 클래식, 재즈까지 듣고 싶은 곡을 신청하면 틀어준다. 한국 드라마 〈안녕, 프란체스카〉 OST에 참여한 아이슬란드 뮤지션 덕분인지 여기에서도 한류의 파편을 발견할 수 있다. 한국 음반을 보고 환성을 지른다면 직원이 반가워해 줄지도 모른다. 그 밖에 레이캬비크에서 가 볼 만한 곳들을 6부에 소개했으니 참고하시기 바란다.

스콜라버르두스티구르는 나와 인연이 깊은 곳이기도 하다. 콜브룬 S. 캬르발(71)이 운영하는 도자기 갤러리이자 샵인 카올린Kaolín이 있기 때문이다. 콜부른은 대학 친구인 엣다Edda의 어머니다. 딸의 친구들을 자신의 친구처럼 친근하게 대해 주셨다. 한국에서 미술을 공부하러 온 여자아이도 예외가 아니었다. 내 편에서는, 나를 특별하고 대단하게 보는 어른을 가까이 하고 싶은 것이 당연한 일이었다. 또한 한평생 창작하며 한부모 가정을 건사한 인생 선배 콜브룬은 항상 나에게 존경의 대상이었다.

콜브룬이 도예를 배우기로 마음먹은 1964년 당시에는, 아이슬란드에 도예를 가르치는 학교가 없었다. 덴마크어를 잘하는 콜브룬은 도예를 배

우러 덴마크로 건너갔다. 1968년에는 스코틀랜드 에든버러로 유학을 갔다. 공부를 마친 후 10여 년간 덴마크에서 도예를 가르치다 1983년 아이슬란드로 돌아왔다. 고국에 돌아온 후 케플라비크 면세점 등에서 도예품 판매를 하며 도예 수업을 병행했다. 2000년에 스콜라버르두스티구르에 자신의 이름을 딴 KSK 갤러리를 마련했고 지금은 같은 자리에 8명의 도예가와 함께 카올린을 운영하고 있다. 콜브룬의 40년 도예 인생이 담긴 카올린은 온화하면서도 다양한 색채와 형태의 도예품들로 생동감이 넘친다. 한마디로 주인장 콜브룬을 닮은 공간이다.

아이슬란드에서 대학을 다닐 때, 콜브룬이 딸과 여행을 간 동안 이 공간을 지킨 적이 있다. 관광업이 호황을 맞기 전이라 가게는 한산하기만 했다. 햇살이 잘 드는 가게 안쪽에 마련된 작업 공간에서 차를 끓여 마시며 도예품 틈에서 나른한 오후를 보냈었다. 북적거림과 적당한 피곤함으로 기억되는 추억도 있다. 크리스마스 쇼핑 마지막 날(12월 23일)인 토르라욱스메사Þorláksmessa에 스콜라버르두스티구르는 축제의 길이 된다. 크리스마스 특수를 맞은 상점들은 요올라그릭(jólaglögg, 멀드 와인 혹은 뱅쇼라 불리는 따뜻한 와인)을 나누며 시민들과 크리스마스 시즌을 즐긴다. 토르라욱스메사에 엣다와 나를 포함한 친구들도 카올린을 아지트 삼아 시내를 돌아다녔다. 갤러리에도 많은 지인들이 찾아왔었다.

콜브룬은 2008년 레이캬비크에서 40분 거리인 작은 마을 아크라네스Akranes로 이사했다. 꽤 큰 2층짜리 콘크리트 건물이다. 1층은 작업과 판매를 위한 공간으로 작업실, 가마실, 전시실, 부엌 등이 있다. 2층은 콜브룬과 고양이 낫디, 그리고 주말에 오는 딸 엣다의 공간이다. 콜브룬은 청소년 문화센터였던 건물 구석구석을 손수 관리한다. 일흔을 넘긴 나이에도 창작 활동을 계속 하고, 자신만의 안목과 취향으로 집을 꾸민다. 아이슬

란드의 근대 대표 화가인 그녀의 할아버지 캬르발(레이캬비크에는 그의 작품을 영구 전시한 캬르발 미술관이 있다)의 창조성을 그대로 물려받은 듯하다.

2년 만에 다시 찾은 아크라네스, 예전처럼 앞치마를 한 콜브룬이 우리를 반가이 맞아주셨다. 부엌에는 와플과 커피가 단정하게 우리를 기다리고 있다. 먼저 반려묘 낫디와 인사를 나누었다. 낫디는 유기묘였다. 콜브룬은 뱅갈 고양이처럼 혈통 있는 고양이를 마음에 두고 유기묘 센터를 찾았었다. 그런데 낫디가 '멋진' 고양이들을 제치고 두 번이나 콜부른의 이동장을 차지하고 앉았다. 콜브룬은 이렇게 집사로 선택받았다. 낫디는 그동안 뱃살이 늘었고 편안해 보였다. 사람에게 서운했던 마음은 그만큼 줄었겠지.

부엌에는 그녀의 도예품을 비롯해 유럽, 미국에서 수집한 공예품이 가득하다. 커튼 대신 유리창을 장식한 한지에는 빛의 드로잉이 펼쳐진다. 2층으로 올라가는 계단 한 칸 한 칸에도 창의적인 디테일이 눈길을 끈다. 계단 높이에 맞게 제작한 흰색 타일에는 음각으로 아이슬란드 옛 바다 괴물의 모습이 새겨져 있다. 어딘지 콜브룬을 닮은 괴물의 모습이 우스꽝스럽고 친근하다.

콜브룬은 연륜 있는 작가지만 겸손하고 장난기가 넘친다. 유약 제조법을 꼼꼼하게 기록하며 실험하기보다는 즉흥적으로 작업하는 방식을 선호한다. 예상치 않게 만족스러운 결과가 나왔다는 것이 얼마나 좋으냐며 웃는다. 개인 공간인 2층도 사진 촬영을 허락해 주었다. 아무렇게나 찌그러진 듯한 흙덩이 세 개로 얼굴을 표현하고 다시 쌓은 장난스러움에 미소가 절로 나온다. 콜브룬의 아버지가 14세 때 깎으셨다는 나무 테이블 다리는 헤이다에게 맡겨서 상판을 추가하여 완성하게 할 계획이라고 한다. 작은 텔레비전 옆에는 뜨개질거리가 놓여 있다. 저녁에 텔레비전을 보며

뜨개질을 하시나 보다. 텔레비전 옆으로 난 유리문은 이쪽에서 들어오는 햇살이 거실 반대쪽 창까지 닿게 해준다. 불편한 벽은 없애고 공간을 시원하게 확장시켰다. 거실 한쪽 벽면에 책, 사진, 도예품, 그림, 오브제들을 장식한 책장은 거실 인테리어의 무게중심이다.

아이슬란드의 자연과 새를 모티브로 사용하는 콜브룬의 콜렉션에서 나는 작은 새 모양의 초 받침을 골랐다. 최근 생일을 맞으신 어머니에게 좋은 선물이 될 듯하다.

짧은 만남이었고 헤어질 시간이 되었다. 우리는 마당에서 작별 인사를 여러 번 반복하며 산책 나간 낫디를 기다렸다. 마당에는 회색 벽돌을 깔았고 나무로 된 울타리를 둘렀다. 집 뒤편에는 울타리 대신 하얀 자작나무들이 서 있다. 울타리 한 모퉁이에 콜브룬이 심은 작은 담쟁이가 보인다. 다음에 올 땐 담쟁이가 풍성하게 울타리를 채우고 있겠지.

예술가들이 행복한 나라—
시각예술가 루리의 작업실

아이슬란드의 소설가이자 화가인 할그리무르 헬가손Hallgrímur Helgasson은 영
어 주간지 《그레이프바인Grapevine》에서 "단 하나의" 시절을 묘사했다. 옛
적 아이슬란드에는 "레스토랑 하나, 바 하나, 디스코 하나, 라디오 채널 하
나, 텔레비전 채널 하나, 갤러리 하나, 나무 하나(아이슬란드 야생에서는 키 작은 자
작나무뿐이라 평범한 '나무'라 불릴 만한 게 드물었다), 시내를 걷는 사람 하나, 최고의 글
을 쓰는 작가 하나, 최고의 그림을 그리는 화가 하나"만이 있었다고 한다.
그런데 이제 백한 명의 작가, 백한 개의 밴드가 백한 개의 레스토랑, 백한
개의 펍으로 가득찬 시내에서 활개친다고 한다. 이런 변혁을 시작한 것은
한 아티스트였다. 바로 뵤르크다. 30만여 명 인구와 아이슬란드어가 지닌
한계를 훌쩍 뛰어넘은 예술가는 뵤르크가 처음이었다(1955년 노벨문학상을 수
상한 '최고의 작가' 할도르 락스니스Halldór Laxness를 말할 수도 있겠지만). 영국에서 인기를 얻
은 뵤르크는 나아가 전 세계 사람들을 위한 노래를 만들었다. 그녀의 이
름과 함께 아이슬란드는 글로벌 브랜드가 되었다.

뵤르크 이후 아이슬란드 뮤지션들은 자연스럽게 영어로 노래를 만든
다. 아이슬란드어도 영어도 아닌 희망hope어로 노래하는 시구 로스Sigur Rós
도 있다. 좋은 음악은 라디오와 인터넷을 타고 지구 곳곳으로 퍼져나간
다. 뭄Múm, 올라부르 아르날즈Ólafur Arnalds, 에밀리아 토리니Emillia Torrini, 레이
로우Laylow, 오브 몬스터즈 앤 맨, 오우러브 아르날즈Ólöf Arnalds, 아우스게이

르Ásgeir 등 훌륭한 뮤지션들이 국제 무대에서 성공했다.

변화는 미술계에도 있었다. 과거 아이슬란드 작가들은 네덜란드로 유학하여 유럽에 정착하는 경우가 많았다. 그런데 2013년 아이슬란드를 대표해서 베니스 비엔날레에 참여하고 국제적인 작가로 성장한 락그나르 캬르탄손Ragnar Kjartansson은 작업실이 아이슬란드에 있다. 영국 바비칸이나 미국 카네기 아트홀 등의 국제 무대에서 활동하지만 작업은 아이슬란드에서 한다.

내가 학교를 졸업하고 어시스턴트로 잠시 일했던 루리Þuríður Rúrí Fannberg를 소개하려고 한다. 루리는 2016년 헬싱키 아모스 안더스 미술관 그룹전에 참가했고, 같은 해 10월 덴마크 코펜하겐에서 대형 개인전을 연 아이슬란드 대표 시각예술가다. 그의 작업실은 레이캬비크에 있다.

아이슬란드를 찾는 관광객이라면 누구나 한번쯤 루리의 작업을 보게 된다. 케플라비크 공항 앞에 서 있는 대형 공공 조형물 〈무지개Rainbow〉(1991)가 그녀의 작업이다. 루리의 무지개를 보면 언제나 궁금증이 생긴다. 땅에서 하늘로 솟은 무지개는 낯선 곳으로 떠나는 마음을 표현한 것일까, 희망을 품고 도착한 마음을 표현한 것일까?

이번에 다시 찾은 작업실에도 작은 무지개가 떠 있었다. 모형으로 제작한 무지개 앞에서 루리는 지난 40여 년간 전업 작가로 어떻게 살아 왔는지를 들려주었다. 여성 작가들은 주로 텍스타일 작업에 매진했던 1970년대, 루리는 퍼포먼스 작업으로 작가 활동을 시작했다. 시내 한복판에서 황금색으로 칠한 벤츠를 쇠파이프로 부수는 도발적인 퍼포먼스였다. 물질 우상화를 전면으로 비판한 거친 몸짓은 당시 아이슬란드에서 큰 화제가 되었다. 루리는 이 작업으로 아이슬란드 미술계에 자신을 또렷이 알리는 데 성공했다.

루리는 1982년 아이슬란드 컨템포러리 미술관에서 첫 개인전을 열었고 이후 다수의 개인전과 그룹전을 통해 아이슬란드 대표 작가로 이름을 굳혔다. 지그재그 모양의 나무자를 다양한 방식으로 굽히고 펴서 조형적 가능성을 실험하거나, 전쟁의 파괴력을 사진으로 표현하기도 한다. 여성의 권리가 보장되지 않았던 아이슬란드 연방 제도 시절의 부끄러운 과거를 주제로 대형 퍼포먼스를 발표하기도 했다. 하이랜드를 파괴하는 댐 건설 현장에서 영상을 제작하고 전국을 다니며 폭포 소리를 사운드로 담았다. 2003년 베니스 비엔날레에 아이슬란드 대표로 출품한 〈아카이브—위기의 물*Archive-Endangered Water*〉은 이후 프랑스, 네덜란드, 벨기에, 헝가리, 미국 등 세계 전역에서 전시한 유명한 작품이다. 아이슬란드 폭포를 찍은 52장의 사진을 슬라이드 필름 마운트 모양의 대형 액자에 넣었다. 그리고 금속으로 제작한 장에 액자들을 나란히 정렬하고 사운드를 넣어 완성한 설치 작업이다. 반투명한 사진을 보기 위해 관람객이 액자를 당겨 빼면 사진 속 폭포의 웅장한 소리가 전시장을 가득 채운다.

이번 방문에서 나는 이 작업의 매뉴얼을 볼 수 있었다. 창작자 없이 혼자 세계 여행에 나서는 대형 작업이라 바퀴 하나 하나, 부품 하나 하나 번호를 붙여 작성한 세세한 매뉴얼이다. 하나의 작품에 전기, 기계 장치, 사운드 시스템이 얼마나 복합적으로 사용되었는지 볼 수 있었다. 작가 혼자서 할 수 있는 범위의 작업이 아니다. 어떻게 사운드 엔지니어나 금속 전문가 등을 찾아 협업하는지 궁금했다. 루리는 1974년 레이캬비크 기술고등학교에서 금속 가공을 배우면서 남자들과 말하는 법을 배웠단다. 금속을 다루는 이들의 세계에서 '해보지 않은 일'에 도전장을 던질 준비가 된 사람을 찾아 팀을 꾸린다. 엔지니어와 작가는 서로의 영역을 존중하며 협업한다. 그렇게 기술로 상상을 실현한다.

협업 이야기가 나오자 루리가 한 에피소드를 들려주었다. 1986년 핀란드에서 공공 조형물 프로젝트로 한 시멘트 회사와 협업했을 때였다. 한께 프로젝트를 진행해 '준' 회사에 감사의 뜻을 전했을 때 회사는 오히려 작가에게 감사했다고 한다. 자신들은 기술의 진보를 이루는 것이 숙원인데 기술 전문가들은 아이디어나 상상력이 부족한 경우가 많단다. 실현 가능성에 대한 계산 없이 아이디어를 가지고 오는 것은 보통 아마추어 발명가나 예술가들이다. 그러면 회사의 엔지니어와 기술자들은 이런 아이디어를 현실화하기 위해 전문성을 최대한 발휘한다. 이런 협업을 통해 기술이 진보해 왔다는 것이다. 그래서 이런 프로젝트의 기회를 준 작가를 귀하게 여기고 고마워했던 것이다. 루리는 창의적 사고, 즉 예술이 없다면 기술 발전도 없다고 자랑스럽게 말한다.

예술은 돈 안 되는 쓸데없는 짓이라고 치부하는 경우가 많다. 하지만 아이슬란드가 어떻게 예술을 지원하는지 보자. 루리가 작가로 활동하기 시작할 당시 아이슬란드에는 창작 지원 제도가 많이 부족했다. 그랬기에 창작자들에게 월급을 주고 교육과 연계하여 예술을 고무하는 네덜란드에 자리잡은 작가들이 많았다. 그러나 지난 40년 동안 아이슬란드도 예술에 대한 지원과 투자를 늘려 왔다. 6개 창작 부문(시각예술, 연주, 작곡, 문학, 연극, 디자인)에 종사하는 창작자들에게 매월 급여를 주는 제도가 확대되었다. 창작자들은 3개월부터 18개월까지 신청한 기간 동안 급여를 받는다. 2016년에는 378명의 창작자들이 한화로 월 330만 원 정도의 급여를 받았다. 개월수로 따지면 총 1,606개월분이다.

앞에서 말한 할그리무르는 예술을 다양하게 정의하며 찬양한다. 그는 예술을 사업이라 명명한다. 경제 위기 같은 난관을 이겨낼 수 있는 질긴 힘이라 말한다. 또 예술은 사회 구성원을 서로 붙여 주는 풀이다. 아이슬

란드의 정착사를 다룬 사가Saga, 소설, 시각예술, 시, 연극, 영화는 국가의 정체성을 형성한다. 예술은 한 사회의 빛하가 되고 품격이 된다. 루리의 예술 예찬도 들어 보자. 루리는 예술이란 채우는 것이라고 한다. 곡식을 키울 수 있는 땅이 전 국토의 1.2%에 지나지 않는 척박한 이 나라에 예술은 이야기를 채우고 일상에 즐거움을 채운다.

4부

—

스케일이 다르다: 아이슬란드의 자연

여리기에 아름답다

옛날에 작은 홀씨가 하나 있었다. 홀씨는 바람을 타고 수천 킬로미터를 날아갔다. 바다를 무사히 건너 작은 섬 아이슬란드에 닿았다. 검은 화성암으로 덮여 있는 섬이었다. 이끼 홀씨는 용암이 갓 만든 지표면을 그 누구보다 먼저 개척했다. 꽃을 피우며 자태를 뽐내는 다른 식물종들이 살 수 있으려면 아직 수백 년이 남았다.

이끼는 뿌리와 관다발이 없기 때문에, 물을 머금지 않는 구멍 반 돌 반인 현무암에서도 살 수 있다. 먹을 것이 제대로 없으니 성장도 느리다. 이끼들이 화성암을 먼저 개척하여 토양을 만들면, 그제야 다른 풀들이 자랄 수 있다. 이끼가 있는 곳이면 으레 김의털속*festuca richardsonii*, 좀바늘사초 *kobresia myosuroides*, 하이랜드 등심초*juncus trifidus* 등을 찾을 수 있다. 조금 더 가까이 들여다보아야 하는 녀석들도 있다. 이름만 나무지 이끼만큼이나 작은 관목식물들이다. 시로미*empetrum nigrum*, 북극버들*salix herbacea*, 들쭉나무 *vaccinium uliginosum*, 칼루나*calluna vulgaris* 등이다. 작달막해도 나무라서 열매를 맺는다. 시로미 열매나 들쭉나무 열매를 발견하면 기뻐서 얼른 시큼하고 달콤한 맛을 본다. "자세히 보아야 예쁘다"는 시구가 딱 맞다.

이끼는 북쪽 찬 기후에 최적화된 식물이다. 아이슬란드에는 606종의 다양한 이끼가 살고 있다. 관목 종보다 많다. 조류와 곰팡이(균류)가 공생 관계로 살아가는 지의식물은 755종이나 된다. 울퉁불퉁한 땅을 융단처럼 덮고 있는 흐뤄인감브리hraungambri 이끼는 영하 10도에도 광합성을 하

스케일이 다르다: 아이슬란드의 자연

는 것으로 알려져 있다. 하이루스크루프ᴴᵃᵉʳᵘˢᵏʳúᶠ 이끼는 50도의 일교차를 견디기도 한다. 흐뤄인감브리는 연중 11개월 비가 오지 않아도 상온에서 살 수 있다. 건조한 날씨에도 보호 상피가 몸 속의 물을 지켜 주기 때문이다. 이끼 잎은 공기 중에 있는 습기를 먹어 물을 보충한다. 비가 오지 않으면 생체 활동을 멈추고 잠을 자다가 비가 오면 다시 광합성과 생식을 시작한다. 날씨에 따라 생체 활동을 달리 하는 이끼는 물기를 머금은 정도에 따라 색이 달라진다. 건조한 초봄에는 탈색된 듯한 회색을 띤다. 비를 충분히 먹으면 특유의 초록색으로 아이슬란드 전역을 장식한다.

눈이 많이 오고 습한 지역에서 쉽게 관찰되는 멜라감브리ᵐᵉˡᵃᵍᵃᵐᵇʳⁱ가 있다면 뜨거운 땅과 천생연분인 이끼도 있다. 아이슬란드에는 약 30종의 지열 지대 이끼가 발견된다. 이런 곳은 지표면에서 10센티미터만 들어가도 섭씨 90도를 훌쩍 넘는다. 이렇게 데쳐지기 딱 좋은 뜨거운 열을 사랑하는 신기한 이끼다.

스렝슬라베구르ᴾʳᵉⁿᵍˢˡᵃᵛᵉᵍᵘʳ 도로 양편으로 펼쳐진 스렝슬린ᴾʳᵉⁿᵍˢˡⁱⁿ에서 융단 같은 이끼를 만났다. 키가 족히 10센티미터는 되는 듯하다. 손으로 눌러 보니 푹신푹신하다. 여기에 온몸을 던져 소인국 걸리버가 되어 한참 멍때리기를 해보면 어떨까 상상해 본다. 팝 싱어 저스틴 비버가 화산 지대에서 했듯 데굴데굴 굴러 보고 싶다. 하지만 연약한 이끼들이 내 무게를 받쳐 준다는 상상은 초현실적이다. 들어가고 싶은 마음은 굴뚝 같지만 바라보기만 한다.

화산 지형에서 뿌리도 없이 자라는 이끼는 외부 자극에 너무나 취약하다. 많은 사람이 다니는 길목에선 이끼가 자취를 감추어 버린다. 사륜 구동용 F로드 주변에 자라는 이끼도 극심한 위험에 노출되어 있다. 그러나 야생에서 인간들은 이성의 고삐를 놓아버리는 듯하다. 지프에 올라탄 관광객들은 아프리카 광야를 가로지르는 다카르 랠리에 나온 듯 F로드를 벗어나 이끼 들판을 마구 파헤친다.

아이슬란드에서는 원초적 미가 가득한 자연에서 마음의 평온을 찾을 수 있다. 거침없이 부는 바람, 형형색색 펼쳐진 들판에서 마음 깊이 행복해지는 순간을 만나게 된다. 하지만 그렇게 자연을 즐기는 순간에도, 수백 년을 살아온 이끼들을 지켜주었으면 한다. 본격적으로 여행에 떠나기 전 잔소리부터 한다고 핀잔하셔도 어쩔 수 없다. 여리디 여린 아이슬란드 자연은 보존 정책 부재로 절체절명의 위기에 처해 있다. 관광객들이 늘어나면서 소리 소문 없이 이끼들이 조금씩 사라지고 있다. 마음 속 평온만큼이나 쉽게 무너져 버리는 여린 이끼를 이 책의 독자들이 함께 아끼고 보호해 주시길 당부드린다.

그럼 이제, 본격적으로 아이슬란드의 자연으로 떠나 보자!

물 부자 아이슬란드

아이슬란드는 물이 많은 섬이다. 내륙 곳곳에는 빙하가 자리잡고 있다. 연간 강수량은 약 2천 밀리미터나 된다. 이 풍부한 물은 다공성 화산암을 통과하여 땅 밑으로 모인다. 화산암은 수족관의 스폰지 필터처럼 물을 깨끗이 걸러 준다. 특수한 정수 시설을 거치지 않아도 지하에 거대한 천연 암반수 저수지가 만들어진다. 현무암을 닮은 알칼리수다.

아이슬란드 사람들의 물 자랑은 유별나다. "베스타 밧 이 헤이미"(Besta vatn í heimi, 세계 최고의 물)라며 자신 있게 말한다. 실제로 아이슬란드 물은 참 맛있다. 대수층을 따라 흐르던 지하수가 지층의 틈을 따라 지표면으로 터져나오는 용천수도 맛이 좋지만 집에서 적당 시간 찬물을 틀어놓아도 맛있는 물이 나온다. 씻고 마시는 데 모두 시원한 지하수를 쓴다.

아이슬란드를 여행하다 보면 화장실에서 물통을 채우고 있는 현지인들을 쉽게 볼 수 있다. 양치를 하다 물을 먹기도 한다. 정수기는 찾아볼 수 없다. 그런데 관광객들이 늘어나면서 물을 플라스틱 병에 담아 팔기 시작했다. 아이슬란드 물은 한국에서도 찾을 수 있는 수출품이 되었다. 이렇게 생활용수와 음용으로 사용되는 물이 전체 담수량의 1% 정도이니 그야말로 물 부자다. 넘쳐 흐르는 나머지 물은 강으로, 바다로 흘러간다. 그러면 강길을 막아 다시 이용한다. 발전기를 돌려 전기를 생산한다. 유럽연합 1인 평균 생산량의 9배가 넘는 대량의 전기(지열 발전 포함)가 이렇게 생산된다. 덕분에 가정과 기업은 싼 값에 전기를 쓸 수 있다.

피오르 마을 세이디스표르두르Seyðisfjörður의 전경을 찍기 위해 마을 진입로가 위치한 산으로 올랐다. 저 멀리 〈월터의 상상은 현실이 된다〉에서 벤 스틸러가 신나게 보드를 타던 마을 진입도로가 선명하다. 산 지표면은 축축한 습지다. 습지 식물이 가득한 산자락은 흡사 들판 같다. 무서운 속도로 떨어지는 폭포를 뒤로 하고 한 시간 가량 걷는다. 목이 마르면 마음에 드는 냇가에서 목을 축일 수 있다. 기분 좋은 하이킹을 하다 보니 산자락 끝에 놓인 커다란 바위에 다다랐다. 바위에 올라 바다를 앞에 두고 산을 병풍처럼 두른 피오르 마을의 모습을 사진기에 담는다.

흐루나뢰이그 온천

넉넉한 웅덩이, 너무 뜨겁지 않은 물만 있으면 아이슬란드 곳곳에서 원초적인 매력의 온천을 즐길 수 있다. 우리는 흐루나뢰이그Hrunalaug 온천을 찾았다. 인근 마을 플루디르 사람들이 오래전 양을 씻는 데 이 자연 온천을 사용하기도 해 롯들루뢰이(rollulaug, 양 온천)라고도 불렸다.《아이슬란드 자연 온천책Thermal Pools in Iceland》에 올라 있고 외국 블로그에도 자주 소개되어 유명하다.

　아침 일찍 와서 그런지 관광객이 없다. 오두막에 연결된 작은 욕조만 한 탕에 몸을 담갔다. 자연은 어쩌면 이렇게 온도를 잘 맞추어 주었는지. 몸을 데우니 수영복만 입고 찬 공기에 몸을 내놓을 용기가 생겼다. 오두막 뒷편에 있는 좀 더 넓은 웅덩이로 성큼성큼 자리를 옮겼다. 성인 키를 넘는 길이와 세 명은 족히 들어갈 수 있는 넓이다. 누군가가 네모반듯한 돌멩이들을 차곡차곡 쌓아올리는 수고를 했나 보다. 물 속을 유영하는 아이의 얼굴이 거울 같은 수면에 비친다. 바닥에 깔린 까만 모래 덕에 수면은 하늘과 물을 배경 삼아 상하대칭 그림이 되었다. 물에는 탄산이 들어 있는 듯 작은 물방울들이 온몸에 다닥다닥 붙어 하얗다. 〈모노노케 히메〉에 나오는 나무 정령 코다마들처럼 조용하고 귀여운 물방울이다. 흐린 날씨로 으스스했던 아침은 사라지고 빗방울 몇 개가 까만 수면에 통통 튀는 조용하고 따뜻한 아침만 있다. 저 멀리에는 양들이 어슬렁거리며 풀을 뜯고 있다. 따뜻함과 평화로움에 취해 벌거벗어 보고 싶어졌다. 남편에게 망을 보라 부탁하고 혼자 맨몸의 자유를 저질러 본다. 아주 잠깐 물에 온 몸을 맡기고 하늘을 본다. 고요하다. 척박한 땅을 개척한 농부에겐 뜨거운 물이 솟아나는 샘이 얼마나 큰 보물이었을까. 나는 얼른 수영복을 물에 씻어 모래를 털어내고 맨몸으로 기분 좋게 오두막으로 걸어갔다.

이 온천은 구글맵에는 정확한 위치가 표시되지 않는데 이걸 다행이라 해야 할지 모르겠다. 사유지라 농부 한 사람이 관리하는데 관광객이 너무 밀려들어 웅덩이를 막을까 생각도 했단다. 여기저기 관광객들이 만들어낸 풍경이 눈에 들어온다. 주자창에는 대변 금지 표지판이 있다. 화장실 시설이 부족하니 민망한 행동을 하고 그냥 가버리는 이들이 많은가 보다. 탈의 시설인 오두막에도 사람들의 흔적이 어지럽다. 수영복과 수건이 빨래줄에 걸려 있고 일회용 밴드와 담배꽁초를 마구 버렸다. 소중한 자신의 온천이라 해도 주인 한 사람이 관리하기엔 무척 피곤한 일일 듯하다. 자연 온천은 유명세를 탈수록 그 존재가 위태롭다. 이 온천을 소개하지 말라고 부탁한 친구의 염려도 이해가 간다. 독자들께서 이곳을 방문하신다면 아무 흔적도 남기지 마시기를, 그리고 오두막 옆에 얌전히 놓여 있는 저금통에 성인 1인당 1천 크로나를 꼭 남겨 주시기를 부탁드린다(또 잔소리, 죄송하다).

시크릿라군

흐루나뒤이그와 근접한 남쪽의 작은 마을 플루디르는 천연 지열 지역이다. 플루디르에는 좀더 현대식 온천인 시크릿라군이 있다. 시크릿라군은 원래 수영 강습을 하던 수영장으로 1909년에 문을 열었다가 마을에 신식 수영장이 생긴 뒤 1947년에 문을 닫았다. 그랬다가 최근 '자연 그대로의 온천'이라는 모토로 재정비를 하여 다시 문을 열었다.

이 천연 온천의 가장 큰 특징은 물빛이다. 온천에서 올라오는 물을 그대로 모아 수영장으로 사용한다. 화학 물질로 소독하지도 않는다. 뜨거운 물에서도 살 수 있는 이끼가 끼어 물은 녹색을 띤다. '녹조 라떼'를 떠올리는 분도 있겠지만 이 녹색 온천수는 몸에 해롭지 않다. 몸을 담그면 경직된 근육이 풀리고 얼굴이 달아오른다. 이끼 때문에 미끄러운 돌에 앉아 맥주와 음료수를 즐긴다. 뜨거워진 몸 속으로 맥주가 들어가니 두 배로 시원하다.

시크릿라군은 주변 경관을 막지 않고 그대로 열어 놓았다. 풀장 주변에서는 간헐천이 앙증맞게 솟아오른다. 간헐천 근처의 흙바닥에 눕는다면 뜨거운 온천수가 흘러나오는 것을 느끼며 피로를 풀 수 있다. 물이 너무 뜨거워 입장을 제한하는 곳은 철조망을 둘러 놓았는데 그 모양이 어딘지 엉성하다. 시크한 럭셔리 온천이 되기를 거부한다는 듯한 모습이다.

'시크릿' 라군에도 관광객이 전혀 없는 것은 아니다. 플루디르를 유명 관광 상품인 골든 서클에 포함시켜 관광객을 유치하려는 마을 사람들의 노력으로 작은 데이투어 버스가 오기도 한다. 예약을 하고도 못 들어가는 관광객들의 최대 집합소 블루라군에 비하면 시크릿라군은 한적하고 소박하다. 온천 앞에는 지역 주민이 토마토를 키우는 온실이 있다. 로비와

탈의실이 있는 건물은 아담하고 친숙하다. 관광업이 붐을 일으키고 있어도 자연의 냄새가 자본으로 희석된 느낌이 아직 없다. 적어도 아직은.

마을 사랑방, 온수 수영장

지열로 데운 물은 수영장에서도 쓴다. 수영 레일이 있는 실외 풀장 온도는 27-29도로 유지한다. 34-44도로 유지하는 노천탕도 두세 개씩 갖추고 있다. 지열 지대가 가까운 레이캬비크와 수도권 지역에는 수영장이 17곳이나 있다. 가장 크고 오래된 뢰이가달스뢰이Laugardalslaug부터 뜨거운 물을 바다로 흘려보내 해변 수영장을 만든 뉘이트홀스비크Nauthólsvík까지 규모와 형태가 다양하다.

　아이슬란드 사람들의 수영장 사랑은 숫자로도 잘 드러난다. 레이캬비크 시의 조사에 따르면 2012년 한 해 동안 약 180만 명이 수영장을 이용했다. 이 지역 인구가 20만 명이니 시민 한 사람이 1년에 9회 이용한 꼴이다. 이 조사에서 레이캬비크 시민들은 적은 비용으로 수영장을 이용하는 것을 시민으로서 누리는 기본 서비스라고 보았다. 입장료는 수영장을 운영하는 시에서 정책적으로 결정한다. 보호자와 입장하는 아동(0-5세)은 무료다. 그 외의 입장료는 실제 운영에 필요한 전체 비용의 24.7%(2011년 기준) 정도다. 나머지는 시의 스포츠 및 여가국ÍTR Reykjavik Sports and Leisure과 시설공단이 부담한다.

　그럼 이제 수영장에 가 볼까. 시댁에서 가장 가까운 셀탸르나르네스뢰이Seltjarnarneslaug가 오늘의 수영장이다. 줄여서 네스 수영장이라 부른다. 셀탸르나르네스 지열 지대에서 온수를 공급받는 이 수영장은 미네랄이 풍부하여 아토피성 피부염이 있는 이들에게 인기가 많다. 물 성분 때문인지

이 수영장에서는 몸이 가볍게 빨리 나아간다. 방학 중인 다비드도 우리와 같이 왔다. 네스 수영장에는 얕은 유아용 풀장과 싱인 앉은기 성도의 어린이용 풀장이 있다. 키가 좀 큰 아이들은 어린이용 풀장은 성이 차지 않는다는 듯 어른용 풀장으로 진격한다. 가장자리 수영 레일 하나가 어린이용으로 지정되어 있어 운동하는 어른들 눈치를 보지 않아도 된다.

학교에서 수영을 배우는 다비드는 실력이 제법이다. 아직 수영 흉내만 내는 사촌 동생도 중간 중간 벽을 잡아 가며 따라간다. 다비드는 다이빙대에 올라가 공중회전을 하며 화려하게 물을 튀긴다. 수영에 서툰 동생도 형을 따라 힘껏 뛴다. 하얀 물거품을 잔뜩 만들고는 바닥을 차고 올라와 잽싸게 다시 벽에 달라붙는다.

작년 봄엔 이곳 노천탕에서 대학 동창과 교수님을 몇 년 만에 만났다. 우리는 수영장이 닫을 때까지 햇살을 즐기며 밀린 이야기를 나누었다. 동창은 빈, 핀란드 등지에서 레지던시를 다니며 작가로 열심히 활동하고 있다고 했다. 광주 비엔날레에 참여하신 적이 있는 교수님은 얼마 전 일본에 다녀오신 얘기를 해주셨다. 이렇게 수영장은 아이와 어른 모두가 즐거운 시간을 보내는 따끈따끈한 마을 사랑방이다.

숭어 낚시—
싱벨리르 국립공원

아이슬란드에는 다양한 수상 레포츠가 대중화되어 있다. 카약을 타고 바다와 강을 누비기도 하고 빙하가 녹은 강에서 래프팅을 하기도 한다. 세계인에게 사랑받는 낚시 역시 빠질 수 없는 레포츠다. 민물에서는 대표적으로 연어와 숭어를 잡을 수 있다. 연어 낚시를 하려면 강 주인이나 소유주 연합으로부터 허가증을 구매해야 한다. 흘러가는 물에 소유권을 주장하다니 현대판 봉이 김선달이냐 하겠지만 아이슬란드 법은 강이 지나가는 대지의 소유주가 강을 임대할 수 있도록 한다. 영국의 찰스 왕자나 유명 가수 에릭 클랩튼이 아이슬란드에서 연어 낚시를 즐기는 것으로 유명한데 그만큼 고가다. 반나절짜리 허가증 하나당 연어 두 마리만 잡을 수 있는 등 개체 제한이 있는 강도 있다. 연어 한 마리를 잡는 데 한화로 약 60만 원 이상 든다고 보면 된다. 최고의 낚시터로 알려진 북쪽 지역은 더 비싸다. 그나마도 시즌이 시작되자마자 조기 매진된다.

연어 낚시가 소수를 위한 럭셔리 레포츠라면 숭어 낚시는 아이슬란드 전역에서 경제적으로 즐길 수 있다. 낚시 도구를 챙겨갈 정도로 낚시광이라면 무제한 낚시 카드 베이디코르트_veiðikort_를 추천한다. 주유소나 아웃도어 상점 등에서 구매할 수 있는 베이디코르트는 일 년 동안 35개 호수와 강에서 무제한으로 할 수 있는 숭어 낚시 허가증이다. 가격은 6천 크로나다. 경험 삼아 한 번만 해보겠다면 일회권을 사면 된다.

우리는 숭어 낚시를 하러 싱벨리르 국립공원을 찾았다. 서비스 센터에서 일회권을 낚시대당 2천 크로나에 샀다.

싱벨리르 지역을 손바닥처럼 잘 아는 붓비 아저씨가 우리와 함께 나섰다. 비포장 도로를 따라 조금 들어가니 한적한 싱발라바튼 호수가 나왔다. 면적이 84제곱킬로미터에 이르는 싱발라바튼은 아이슬란드 최대 호수다. 해발 100미터 위에 위치하지만 가장 깊은 곳은 해저 14미터에 이를 만큼 크고 깊다. 이 호수의 물은 근처의 랑요쿨Langjökull 빙하에서 흘러왔다. 겹겹이 쌓인 화산암 지형을 통과해 호수로 모인 빙하물은 물 온도가 평상시엔 2-3도로 차갑지만 영양분은 풍부하여 다양한 수중 생물이 산다. 브라운 숭어brown trout, 곤들매기arctic char, 큰 가시고기stickleback도 있다.

시력이 무척 좋지 않아도 붓비 아저씨는 찌와 가짜 파리를 신통방통하게 낀다. 물고기를 꾀는 가짜 파리는 아저씨의 애장품이다. 여러 모양과 색을 뽐내는 파리들을 물고기의 취향에 따라 골라 쓴다. 낚시대 하나에 두 종류를 쓰는데 위쪽 파리로는 물고기를 현혹하고 아래쪽 파리로 낚아챈다. 나는 어릴 적 엄마를 따라 바닷가를 많이 다녔기에 릴낚시를 날리는 기술은 몸이 금방 기억해 냈다. 낚시를 힘껏 던지고 물고기를 만나길 기대하며 천천히 릴을 감으면 된다. 급한 성격에 릴을 빨리 돌려서 그런지, 강한 바람이 연신 불어와서 그런지 좀처럼 물고기들은 흔들리는 미끼를 알아봐 주지 않는다.

붓비에게 플라이 낚시도 배웠다. 영화 〈흐르는 강물처럼〉의 브래드 피트처럼 멋지게 던져 보리라. 하지만 서투르게 던진 낚시줄은 바람에 날려 가다가 물 속에 맥없이 떨어진다. 방금 붓비의 손에서 날렵하게 포물선을 그리며 점점 멀어져 가던 같은 낚시줄인데도 말이다. 어지럽게 밀려왔다 사라지는 물결을 보고 있자니 멀미가 나는 듯하다. 귀찮은 날파리들까지

몰려들어 에라 모르겠다 하고 모자에 선글라스까지 제대로 쓰고 낮잠을 청했다. 한잠 자는 동안 뭐라도 잡히겠지

짧은 낮잠에서 깨어났지만 물 속은 여전히 감감무소식이다. 저만치 물고기가 바람을 피하고 있을까 싶어 다시 날려보지만 성과가 없다. 어설픈 강태공의 손짓이 물 속에서도 훤히 보이나 보다. 맥주를 마시던 붓비가 엉킨 낚시줄을 풀어 주며 직접 나섰으나 물고기는 씨도 찾을 수 없었다. 우리는 철수하고 싱벨리르 국립공원으로 이동했다.

싱벨리르 국립공원

먼저 싱벨리르 교회를 찾았다. 교회 문은 닫혀 있었지만 마을 출신인 붓비 덕분에 들어갈 수 있었다. 붓비 아저씨의 할머니는 이 교회에서 1884년 견진 성사를 받으셨다. 이 아담한 목조 교회에서 한 소녀가 어른이 되었다니, 이 공간은 아름다운 삶의 순간들을 얼마나 많이 품고 있을지.

그다음 알만나갸우Almannagjá 단층으로 향했다. 길이가 7.7킬로미터에 이르는 거대 단층 알만나갸우는 대륙판의 운동을 지표에서 볼 수 있는 전 세계에서도 몇 안 되는 곳이다. 북아메리카 대륙판과 흐레파Hreppar 마이크로판은 매년 약 7밀리미터씩 멀어지며 거대 지구대rift valley를 형성한다. 북아메리카 대륙판의 가장자리인 알만나갸우 단층과 싱발라바튼 호수 건너편에 위치한 흐랍브나갸우Hrafnagjá 단층이 이 지구대의 경계를 이룬다. 알만나갸우 단층과 흐랍브나갸우 단층은 지난 1만 년 동안 무려 70미터나 멀어졌다. 또한 두 대륙판 사이가 벌어지면서 지구대가 내려앉아 같은 기간 동안 40미터 깊어졌다. 예전에는 이곳까지 버스가 들어왔다는 붓비의 말에 놀라워하며 알만나갸우를 걸어 본다.

화산암으로 된 이 절벽은 역사적인 장소이기도 하다. 싱벨리르는 서기 930년에서 1798년까지 아이슬란드 의회인 알싱기Alhingi가 열린 곳이다. 븟비는 의회의 첫 장소가 싱벨리르 러베르그(Lögberg, 번역하면 법의 돌이라는 뜻)가 된 데는 두 가지 이유가 있다고 한다. 먼저 지리적으로 전국에서 지역 대표가 모이기에 가장 적당한 위치였다. 둘째, 매끄러운 화산암으로 된 거대한 벽 러베르그는 사람의 목소리를 잘 퍼뜨려 주는 천연 확성기가 되어 주었다. 여러 사람이 의견을 나누고 의사를 결정하는 의회 장소로 이만한 곳이 없었다. 그야말로 인간의 역사를 위해 지구가 만들어 준 무대였다.

교회에서 알만나갸우로 가는 길 곳곳에는 시냇물이 흐른다. 물을 건너는 다리 아래로 검은 물체가 보인다. 물 속을 유유히 유영하는 숭어다. 15 킬로그램까지도 자란다는 숭어는 덩치가 대단하다. '아가야, 여기서 뭐하니. 저쪽 호수에 있었어야지.' 낚시터에서 제대로 만났다면 잡을 수 있었으리라 큰소리를 쳐 본다. 스테이눈이 어설픈 강태공들을 위해 저녁 밥상에 연어를 올려 주기로 했다. 하루종일 밖에서 찬바람을 쐬며 놀았더니 맛있는 저녁이 더욱 기대되는 귀가길이다.

아우스비르기 협곡에서 공중부양하기

바트나요쿨 국립공원 북쪽에 위치한 아우스비르기Ásbyrgi는 길이 3.5킬로미터, 폭 1.1킬로미터의 말발굽 모양 협곡canyon이다. 협곡의 사전상 뜻은 "하천에 의해 심하게 침식되어 생긴 좁고 깊은 골짜기"이지만 아우스비르기는 그 뜻이 무색하게 광대하다. 1만 년 전에 시작하여 이후 몇 차례 더 있었던 화산 활동으로 바트나요쿨의 빙하에서 많은 물이 폭발적으로 녹아내렸다. 아우스비르기 협곡을 통과하여 바다로 흘러가는 요쿨사우 아우 플룸 강Jökulsá á Fjöllum으로 이 물이 급박하게 흘러내렸다. 초당 180입방미터의 물이 흐르던 강이 갑자기 초당 100만 입방미터로 범람했다. 5천 배가 넘는 힘이었다. 강은 넘치는 물을 무자비하게 토해 냈고, 이 물은 땅을 U자로 팠다. 이렇게 만들어진 돌 절벽의 높이가 100미터에 이른다. U자형 중심에는 에이얀Eyjan 섬이 있다. 깎여 나가지 않고 지표층이 밀리면서 만들어진 땅이다. 이상은 지질학자 휘이쿠르 시구르두르 토마손Haukur Sigurður Tómasson이 1970년대에 발표한 아우스비르기의 생성 과정이다.

우리는 이번 여행의 캠핑 일정 중에 이 아우스비르기에 갔었다(뒤에서 이 9박 10일의 여행 일정은 정리해서 다시 소개하겠다). 캠핑 여행 닷새째, 세이디스표르두르에서 느긋한 마을 여행을 즐기며 재충전을 하고 에일스타디르Egilsstaðir를 거쳐 북쪽 아우스비르기를 향해 달렸다.

잘 정비된 1번 도로를 달리다 비포장 도로 864번을 탄다. 아니 탄다고 하기엔 길이 좋지 않다. 자갈밭에다 기후의 영향인지 도로는 빨래판처럼 울퉁불퉁하다. 자갈길 양 편으로는 회색 황무지가 펼쳐져 있다. 차 뒤로 먼지가 부옇게 인다. 지질학자들이 곧 불을 뿜을 것이라 말하는 활화산 헤클라Hekla의 위엄 있는 모습도 멀리 보인다.

지질학적 배경 지식을 알아도 막상 아우스비르기에 올라가면 거대한 존재의 손바닥 위에 올려져 있는 느낌이다. 거대한 평원은 나에게 누우라고 자꾸 권한다. 권유에 따라 반듯이 누웠다. 그리고 내 몸은 지상에서 100미터 위로 가만히 공중부양한다. 주위 식물들이 근두운처럼 나를 받쳐주고 있다. 조용하기만 한 평원 위로 아이슬란드에 봄을 알리는 반가운 철새 로아(Lóa, 골든플로버)가 보인다. 로아를 보니 공중부양 상상은 더 힘을 얻는다. 동서고금을 막론하고 자연의 경이 앞에서 인간은 상상력을 멋지게 발휘하지 않았던가.

아우스비르기의 형성 과정을 과학적으로 밝히기 전, 사람들은 아이슬란드의 시인 에이나르 베네딕손Einar Benediktsson의 이야기를 믿고 있었다. 북유럽 신화의 주신인 오딘은 말 슬레이프니르Sleipnir가 있었는데 이 말은 다리가 여덟 개였다. 오딘을 태우고 천공을 날던 슬레이프니르가 한 발을 지구에 내디뎠다. 이때 말발굽 모양의 아우스비르기가 만들어졌다. "아우스비르기에서의 아침"이라는 시에 나오는 내용이다.

에이얀 섬에는 시야를 가릴 정도로 큰 나무는 찾아볼 수 없다. 무릎 아래로 오는 작은 관목들뿐이다. 들쭉나무, 베어베리, 칼루나 등이 빽빽하다. 줄기에 붙어 있는 작은 잎사귀들이 뻣뻣해 보이지만 만져 보면 보드랍다. 자세히 들여다보면 작은 열매들이 익어 가고 있다. 아이와 함께 풀섶 사이로 손을 넣어 열매들을 찾는다. 처음 이 곳을 경험했을 때처럼, 관목 위로 몸을 맡기고 누우면 여기서도 중력의 절대적인 지배에서 벗어난 기분을 느낄 수 있다.

숲의 매력에 흠뻑 취하는 하이킹

요쿨사우르글루부르Jökulsárgljúfur는 길이 25킬로미터, 폭 500미터의 길고 좁은 협곡으로, 아우스비르기와 데티포스를 잇는 요쿨사우 아우 플룸 강이 만든 작품이다. 이 협곡은 1973년 국립공원으로 지정되었다. 100미터가 넘게 솟은 절벽 아래로 강이 중력의 도움을 받아 힘차게 내달린다. 강은 바트나요쿨 북쪽 고원에서 천천히 흘러내려와 요쿨사우르글루부르에서 하이랜드와 맹렬하게 작별한다. 좁고 긴 협곡을 따라 따라 데티포스, 하브라길스포스Hafragilsfoss, 흘료다클레뚜르Hljóðaklettur, 렛다르포스Réttarfoss 등의 진경이 펼쳐진다. 하이랜드가 끝나는 경계에 생긴 협곡이라 자동차로 접근하기가 쉽지 않아 대신 두 발로 걷는다. 여기는 여름에만 가볼 수 있다. 눈이 천천히 녹는 지형이라, 아우스비르기국립공원 방문자센터는 5월 1일에서 9월 30일 사이에만 운영한다. 나는 2005년 봄에 졸업전 준비를 위해 아우스비르기를 찾았다가 허탕만 친 경험이 있다.

아우스비르기, 데티포스 일대에서는 난이도에 맞게 하이킹 코스를 선택할 수 있다. 국립공원 방문자센터와 캠핑장 그리고 흘료다클레뚜르 주차장, 홀마퉁구르Hólmatungur 주차장, 데티포스 주차장 등에서 다양한 코스를 시작할 수 있다. 체력에 자신이 있고 난이도 높은 코스에 도전하고 싶다면 홀마퉁구르 주차장에서 시작하여 카틀라르Katlar를 지나 다시 홀마퉁구르 주차장으로 돌아오는 코스를 추천한다. 2킬로미터의 짧은 코스지만 절벽과 협곡, 폭포 등을 두루 볼 수 있다(30분-1시간 소요). 현지 가이드에

스케일이 다르다: 아이슬란드의 자연

따르면 아이슬란드에서 가장 아름답다 해도 부족함이 없는 곳이다.

우리는 아이와 함께 천천히 걷는 쉬운 코스를 택했다. 첫날에는 9년째 요쿨사우르글루부르 국립공원에서 감시원으로 일하는 마그네아 드럽 Magnea Dröfn의 안내를 받았다. 북쪽 사람 특유의 강인함이 느껴지는 젊은 감시원은 요쿨사우르글루부르 전문가다. 토부갸우Tófugjá에서 돌벽을 따라 난 가파른 계단을 밧줄의 도움을 받아 올라갔다. 지상에서 약 40미터 올라가 게이트허브디Geithöfði에서 저녁 노을을 맞았다. 북반구의 대기를 비스듬히 통과해 지상에 닿는 햇살은 온종일 파란빛을 띠다 이제야 한국 사람에게 익숙한 오렌지빛이다. 햇살에 비친 아이들의 얼굴이 발갛다.

다음날 아침에는 스코아스티구르Skógarstígur를 따라 오딘의 말 슬레이프니르의 말굽 가장 안쪽에 위치한 봇즈터른Botnstjörn 연못까지 걷기로 했다. 약 4킬로미터 코스다. 사람 평균 보행 속도로 한 시간이면 도착할 거다. 아이슬란드 삼림조합에서 1940년대 초에 조성한 침엽수림이 먼저 우리를 반겼다. 아이슬란드에서는 보기 힘든 키 큰 숲이다. 숲은 바람을 막아주는 돌 절벽을 병풍 삼아 자란다. 소나무 숲 아래에는 풀꽃들의 잔치다. 제라늄속의 하나인 보라색 숲이질풀과 노랑 애기미나리아재비가 어울려 있다. 키 큰 나무들은 고향에서 겪은 적 없는 섬바람과 폭설의 무게를 이기지 못하고 여기 저기 쓰러져 있다.

숲을 지나 나오자 다시 키 작은 나무들과 들풀이 가득한 익숙한 풍경이 펼쳐졌다. 강한 바람과 눈 많은 겨울에 적응한 북방 나무들은 키가 작다. 그나마 키가 큰 자작나무들은 거대 바위에 붙어 식생하는 회색 계열의 지의류들과 어울려 특색 있는 풍경을 만든다. 난쟁이자작betula nana들은 몸을 배배 꼬고 땅과 최대한 가깝게 자라고 있다. 버드나무속인 살릭스 라나타salix lanata는 녹회색 잎사귀에 아침 이슬을 가득 매달고 있다. 시선

을 밑으로 돌렸더니 풀섶 위로 머리를 뻗치고 있는 사초과 풀들은 작은 나무들을 제치고 키 자랑이 한창이다. 키 큰 톱풀두 하얀 꽃들을 풍성하게 피웠다. 어릴적 우산처럼 쓰고 놀던 토란잎을 닮은 레이디스맨틀 잎에도 이슬이 몽글몽글 맺혔다. 발 밑에 조용히 난 버섯들도 재미있다. 젠티아나 잎은 가을 노을빛으로 물들었다. 강렬한 빨간 잎에 초점을 맞추니 카메라가 색감을 잃고 주변의 초록을 붉은 빛으로 변색시킨다.

아이슬란드에 서식하는 관다발식물종은 그 수가 아주 적다. 그 이유는 다음과 같다. 아이슬란드는 지구의 다른 지역들에 비해 상대적으로 짧은 기간에 식물들의 신세계 개척이 이루어졌다. 300만 년 전 아이슬란드를 강타한 빙하기는 당시 서식하던 모든 식물을 멸종시켰다. 또다시 바람과 해류, 새의 도움을 받아 이 얼음땅에 무사히 도착한 행운의 씨앗은 얼마 되지 않았다. 육지 면적이 10만 제곱킬로미터에 지나지 않아 씨앗이 착륙하기가 더더욱 어려웠다.

거대한 돌 절벽을 따라 산책길을 걸으며 아이슬란드의 야생꽃, 풀, 나무처럼 우리도 그렇게 작은 존재가 아닐까 생각해 본다. 지구의 역사를 24시간으로 봤을 때 인간은 밤 11시 59분 12초가 되어서야 등장했다지. 지구의 시간으로 보면 인간은 초짜에 지나지 않는다.

뜻하지 않게 귀한 친구를 만났다. 작은 붉은날개지빠귀다. 지빠귀는 가느다란 두 다리로 총총 뛰었지만 우리 걸음보다는 많이 느렸다. 마치 산책길을 제대로 즐기려면 천천히 가야 한다고 말하는 듯했다. 이 작은 가이드는 그렇게 벌레도 잡아먹고, 풀도 뜯어먹고, 주변을 둘러보기도 하며 20분 정도 우리와 함께 있어 주었다.

어느새 봇즈터른 연못에 이르렀다. 계산상으로는 한 시간이면 올 거리인데 세 시간이나 걸렸다. 연못 초입에는 자작나무 숲이 우거져 있다. 때

마침 얼굴을 드러낸 햇살에 하얀 나무 껍질이 반짝인다. 빼꼼하게 초록 연못이 보인다. 이곳에도 어김없이 돌 절벽이 우뚝 서 있고, 연못과의 절벽이 만나는 곳에는 이마가 동글동글한 돌들이 겹겹이 쌓여 있다. 이끼 머리를 한 작은 트롤들 같다. 절벽 중간까지 이끼를 뒤집어 쓴 초록 바위들이 가득하다. 관목들에 둘러싸여 있는 연못도 초록색이다. 얕은 물 속에도 짙은 초록색 이끼가 듬성듬성 자라고 있다. 하늘만 빼고 온통 초록으로 가득한 연못이 신비롭다. 이슬과 흙으로 엉망이 된 등산화를 벗어 던지고 데크에 앉았다. 발은 가벼워지고 마음 속엔 신비와 평화로움이 깃든다.

5부
—
아이슬란드에서
제대로 노는 법

다이내믹한 빙하강 래프팅

아이슬란드에서 래프팅은 빙하강의 힘찬 에너지를 제대로 느낄 수 있는 경험을 선사한다. 래프팅 시즌은 5월 1일부터 9월 20일경까지다. 익스트림 스포츠라 해도 안전이 가장 중요하다. 물이 너무 적어도, 너무 차가워도 할 수 없다. 빙하가 녹기 시작하는 봄이면 강이 엄청나게 불어나 위험하다. 물이 급속히 많아지는 6월 초 두 주 동안은 가장 험난한 급류 래프팅은 아예 할 수 없다. 이번 여행에서 우리는 워스타리 요쿨사우 강Austari Jökulsá에서 래프팅을 했다. 7월 21일에 찾은 이 강은 적당한 몸집으로 우리를 맞아 주었다.

워스타리 요쿨사우 강(동쪽 빙하강이라는 뜻이다)은 홉스요쿨Hofsjökull 빙하에서 흘러나오는 물이 모인 강이다. 길이가 75킬로미터인 이 강은 물이 많고 급류가 심해 래프팅에 관한 국제 기준으로 난이도가 4+이다. 난이도 6이면 전문가 수준이므로 이는 상당히 높은 수준이다. 보트에 발도 디뎌본 적 없는 나 같은 초보가 유럽에서 가장 다이내믹한 강에서 래프팅을 시도하려면 전문 가이드의 도움이 꼭 필요하다.

바이킹래프팅은 3년차 빙하강 전문 회사다. 신생이지만 회사의 전신인 아틱 래프팅Arctic Rafting에서 노하우를 전수받았다. 이 회사는 바르마흘리드Varmahlíð 근처의 오래된 농장을 재정비하여 쓰고 있다. 우리는 원래 양축사였던 베이스캠프에 들어가 래프팅 장비를 챙겼다. 차가운 빙하강으로부터 몸을 보호하는 드라이슈트가 핵심 장비다. 목부터 발가락까지 물

샐 틈 없이 몸을 감싸준다. 드라이슈트 속에는 양모 소재의 옷을 챙겨 입는 게 좋다. 면은 젖으면 체온을 앗아가기 때문이다. 라텍스 신발을 신고 장갑을 낀다. 목 뒤에 베개가 달린 듯한 구명조끼를 입고 헬멧을 쓰면 입수 준비 끝이다.

우리는 화이트워터 액션투어를 선택했다. 강 18킬로미터를 따라 내려가는 프로그램으로, 이동 거리가 길어 2시간 반에서 3시간 정도 걸린다. 오늘 래프팅에 참여하는 사람은 모두 11명이다. 그리고 4명의 전문 가이드가 함께한다. 케냐에서 온 마이크, 아쿠레이리 출신 빅토르, 네팔에서 온 잭스와 마이클 모두 강과 액션을 사랑하는 자연인이다.

먼저 마이크가 안전수칙을 알려주었다. 물에 빠지면 해야 할 일과 하지 말아야 할 일이 명확하다. 우선 웃어야 한다. "웃어라. 그러면 세상이 너에게 웃을 것이다"라던 영화 〈올드보이〉의 대사가 떠오른다. 물에 빠져 패닉 상태에 이르면 구조받기 어렵다. 물에 빠졌더라도 긴장하지 말고 여유를 가져야 한다(이게 어디 말처럼 쉽겠는가). 무엇보다도 물에 빠졌을 때 물 밑에서 서는 자세를 취하면 안 된다. 돌 사이에 발목이 끼면 빠른 유속에 발목이 부러지기 때문이다. 설상가상으로 등 뒤에서 덮쳐오는 강물 때문에 앞으로 연신 고꾸라지게 된다. 발목은 돌 사이에 걸려 있고 물 속에서 숨을 쉴 수 없는 상황이다. 나는 '웃으라'는 수칙을 마음 속으로 계속 되뇌었다. 둘째, 손에 든 노는 보트에 승선하는 티켓이라 한다. 노를 놓쳤다고 물에 빠진 '고객'을 버리지는 않겠지만 그만큼 노를 소중히 여겨야 한다. 이어서 구조 담당인 카약 가이드 잭스가 설명했다. 구조시에도 역시 웃으라는 수칙이다. 여유를 가지고 가이드의 지시에 충실히 따르는 사람만 구해 준다고 엄포를 놓는다. 지침에 따라 헤엄치지 않으면 구해 주지 않는단다. 이번에는 "하늘은 스스로 돕는 자를 돕는다"는 옛말이 떠올랐다.

삶의 진리들은 급박한 상황에서 나온 게 아닐까.

참가자는 각각 5명, 6명씩 두 배에 나눠 탔다. 공기를 가득 채운 보드는 우리 몸무게를 잘 받쳐주었다. 그래도 가벼운 보트라 강의 움직임에 격렬하게 반응한다. 우리 코리아 팀은 스웨덴 팀과 한 배를 탔다. 키를 잡은 빅토르와 연습부터 했다. 빅토르가 포워드(전진), 하드 포워드(급전진), 백페달(후진), 라이트/레프트 포워드, 스탑, 겟다운(보트 바닥에 몸을 붙임) 등을 외치면 구령에 맞추어 모두가 일사불란하게 움직인다. 스웨덴에서 온 요르겐, 안더스, 스테판 모두 웃는 모습이 예쁜 청춘들이다. 이들과 노젓기 연습으로 호흡을 맞춘 후 강에 나갔다. 물에 갑자기 빠졌을 때 놀라지 않도록 물에 빠지는 연습을 했다. 드라이슈트 덕분인지 물 온도는 적당히 차갑게 느껴졌다. 보트 가장자리에 친 줄을 잡고 다시 보트 안으로 몸을 들어 올리는 것이 쉽지 않았다. 결국 요르겐이 안전수칙에서 배운 대로 나를 안아 들어올렸다.

드디어 출발했다. 초반은 연습 구간이라 어렵지 않다. 잔뜩 겁을 먹고 바라보았던 물살도 보트 위에선 그리 힘하지 않다. 자전거보다도 느린 속도다. 예행 연습 후 첫 관문인 급류 Alarm Clock을 건넜다. 이제는 차가운 강물이 얼굴을 때려도 그리 놀라지 않는다. 오히려 신이 나 깔깔 웃고 있다. 키잡이 빅토르의 구령에 따라 배를 사방으로 움직인다. 배 앞머리가 전속력으로 강에 찍혀 내릴 때는 보트 바닥에 붙어 스릴을 즐겼다. 바이킹 래프팅은 청년들이 모인 젊은 회사답게 급류 하나하나에 독특한 이름을 붙였다. 물론 가이드 마음대로다. Alarm Clock(준비하시라), Commitment(이제부터 진짜), Screaming Lady(아가씨는 꺅!), Mike Tyson(복싱 선수처럼), Gates(큼직큼직하게), Bedroom(평온한 급류)을 지나면 그린룸에 도착한다.

그린룸 급류는 가장 난코스다. 계단식으로 3개의 급류가 모인다. 거의

바이킹래프팅 제공 사진 (하)

하루에 한 번꼴로 보트가 뒤집히는 곳이다. 첫 번째 급류에서 강의 우측 모서리를 정확하게 치지 않으면 두 번째 급류를 무사히 통과할 수 없다. 실패하면 배가 뒤집힌다. 래프팅 난이도 4 이상인 강의 특징이다. 노를 공중에 모아 파이팅을 외치고 힘을 합해 그린룸을 향해 간다.

빅토르가 첫 번째 급류에서 긴박하게 "하드포워드"라고 외쳤다. 우측 모서리를 치려는 순간 배의 좌측이 들렸다. 즉시 '겟다운'해야 하는데 두 무릎이 위로 들리는 것이 보였다. 순식간에 허벅지도 들리더니 배에서 떨어져 나와 어느새 물 속이었다. 거친 물살에 몸은 통제불능 상태가 되었다. 나는 하나만 생각했다. '다리를 들어야 해.' 하늘을 보고 누운 상태에서 두 번째 급류를 통과했다. 다시 수면 아래로 끌려내려가 빠른 속도로 급류를 통과했다. 물 밖으로 간신히 나왔다 들어갔다를 반복, 이미 물을 잔뜩 먹었고 숨을 제대로 쉴 수 없었다. 두 번째 급류를 지나니 몸이 협곡의 우측 돌벽에 부딪쳤다. 다행히 아직 노는 쥐고 있다. 물살은 계속 나를 바위벽으로 밀어댄다. 노로 바위벽을 밀어 보려 하지만 어떻게 해 볼 수 없는 우악스런 물살이다. 이건 드럼 세탁기가 따로 없다. 가이드들이 "수영! 수영!"을 외쳐댄다. 하늘을 보고 배영을 해 보려 하지만 아무짝에도 쓸모가 없다. '아! 이것이 하지 말라던 할머니 수영이구나' 하며 어푸어푸 하는데 물살이 다시 한 번 나를 휩쓴다. 또 물을 먹었다. 이제 그린룸 마지막 급류다. 이번에는 물 속 회오리에 딱 걸렸다. 다리는 아래로 쏠리고 몸통과 함께 머리가 막 돌아간다. 세 바퀴는 족히 돌았다. 이런 와중에도 발목이 걱정되고 이러다 죽을 수도 있겠다는 생각이 들었다.

마침내 구명조끼 덕에 겨우 물 밖으로 나왔다. 눈 앞에 잭스의 카약이 있었다. 뱃머리쪽이다. 두 다리를 들어올려 카약을 다리 사이에 끼고 카약 앞쪽에 있는 손잡이를 잡았다. 나무에 매달린 원숭이 모양이다. 안전수칙을 상기할 겨를이 없다. 반사적으로 몸이 알아서 한다. 살아야 한다. 카약에 의지해 강변으로 도착한 나는 존 에버렛 밀레이가 그린 오필리아처럼 반쯤 넋이 나간 눈을 하고 있었다. 같이 보트를 탔던 윤 작가도, 키잡이 빅토르도 연신 "괜찮아, 괜찮아"라며 나를 진정시켰다. 나는 머릿속이 하얘진 채 그저 "신발 한 짝을 잃어버렸어"라고 되풀이하고 있었다.

　카약에 실려 도착한 지점에는 핫초콜릿과 와플이 기다리고 있었다. 간식은 협곡 위에서 도르래에 실려 내려왔다. 이것도 래프팅 업체의 노하우라고 해야 할지, 최대 난관을 지난 직후 달고 따뜻한 것을 쥐어 준다. 마이크에게 짝짝이 신발을 하나 받아 신고 보트에서 일어났다. 어지럽다. 달달한 간식을 먹으니 뱃속은 따뜻해지고 위험했던 순간은 흥미진진한 모험이 되었다. 헬멧에 단 고프로는 정지되어 있다. 십 년 이상 수영을 했는데도 막상 물에 빠졌을 때 등을 뒤집어 바다 수영을 할 생각조차 못했다니 한심했다. 가이드 마이클이 다가와서 내 상태를 확인한다. 자기가 수영하라고 외친 걸 듣기는 했느냐고 묻는다. 우리 배에서는 두 명 빼고 모두가 물에 빠졌었단다. 두 번째 보트는 무사히 그린룸을 건넜다. 난 회오리 물살 속에서 그린룸을 보았다. 둔탁하고 앞길을 알 수 없는 공포의 방이었다.

　코스는 아직 40분 정도 더 남았다. 험난한 코스는 다 지나왔고 청춘들은 빙하강에 몸을 맡겼다. 베개가 달린 구명조끼 덕에 편안히 누워 강을 즐겼다. 아직 그린룸의 악몽에 사로잡혀 있던 나도 바다 수영을 시도해 보겠다며 따라나섰다. 배를 밑으로 뒤집어도 구명 조끼 덕에 머리는 회색 강물로 처박히지 않았다. 이제 머리를 물 밖으로 든 채 힘차게 나아가면 된다. 어느새 멀어진 보트를 향해 수영을 해 보았으나 허우적대기만 했다. 바다 수영은 실패했지만 둔탁하고 차가운 강물에 들어갔다는 것만으로도 스스로가 대견했다. 그린룸의 악몽노 슬그머니 사라졌다.

캠핑장에서 더 맛있는 간단 바비큐

여행은 출근 도장 찍듯 하지 말고 설렁설렁 해야 제맛이지만 아이슬란드 동부의 작은 마을 세이디스표르두르에 갈 때는 예외다. 페스티벌 룽가를 꼭 보아야 하므로 꼼짝없이 일정을 맞춘다. 쏟아지는 빗속에서 아이슬란드 동부로 가기 전 반드시 거치기 마련인 남쪽의 작은 마을 비크Vík를 그냥 지나쳤다. 〈꽃청춘〉 출연자들처럼 태국 출신 주방장이 운영하는 수두르 비크Suður Vík 식당에서 태국식 커리를 즐겨도 좋으련만 캠핑을 하기로 한 헙Höfn까지 아직도 너무 멀었다. 비크 주변의 유명 관광지 레이니스퍄라Reynisfjara 해변이나 디르홀라에이Dyrhólaey 역시 들르지 않았다. 날씨가 이러니 어차피 검은 해변을 따라 펼쳐진 장관을 볼 수 없었을 거라며 스스로 위로한다.

우리는 비크에서 3시간 정도 달려 헙의 캠핑장에 도착했다. 그동안 빗줄기는 가늘어졌지만 바람은 여전히 강하다. 경치가 좋은 지점에 자리를 잡겠다고 욕심을 부리다 텐트가 바람에 뒤집히고 말았다. 나무 덤불을 바람막이 삼아 다시 텐트를 세우고 서비스센터에서 저녁을 조리할 만한 곳을 찾았다. 늦은 시간인데도 조리장은 젖은 생쥐꼴을 한 캠핑족들로 발 디딜 데가 없었다. 비 때문에 불은 피울 수 없고 조리장도 만원이니 저녁은 비상 식량으로 해결하기로 했다. 레스토랑이 네 곳이나 있는 비크를 그냥 지나치고 랍스터로 유명한 헙에서 햇반으로 저녁을 먹다니 그야말로 사서 고생이다.

아이슬란드 일주 캠핑 여행을 하겠다고 나섰지만 사실 우리는 캠핑 초보다. 새로 장만할 것도 많았다. 우리는 텐트를 한국에서 챙겨 왔지만 현지에서 구입해도 된다. 창고형 마트 룸파타라거린Rúmfatalagerinn에서 파는 저가형 텐트 가격이 한국과 별 차이 없으니 말이다. 딱딱한 잠자리가 힘든 나는 아웃도어 전문점 엘링센Ellingsen에서 고가의 에어매트도 마련했다. 아이슬란드 일주 여행은 캠핑이 가장 경제적인 방법이라 캠핑장은 관광객과 현지인들로 항상 붐빈다. 그런데도 어느 캠핑장이나 깨끗한 편이다. 조리 공간, 샤워 시설이 되어 있고 동전 세탁기와 건조기도 있다. 그러나 사람이 많고 사용 시간은 제한되어 있어 빨래를 해본 적은 없다.

다음날 아침, 날씨는 얄밉게 맑았다. 비좁은 텐트에서 용케 옷을 챙겨 입고 밖으로 기어 나갔다. 아이는 어제 아빠를 도와 텐트를 치면서 얄궂은 비바람을 다 맞아 콧물을 흘리고 있다. 추운 기운을 몰아낼 따뜻한 아침부터 준비했다. 이른 시간이라 그런지 조리장이 한산하다. 여행 중 아침은 물을 넣고 끓이기만 하면 되는 오트밀이다. 바람막이가 없어 연신 꺼지는 버너를 모닥불 피우듯 노심초사하며 지켰다. 불이 신통치 않아도 죽은 맛있게 끓었다. 한국에서 챙겨온 매운 된장을 곁들여 먹으니 더욱 일품이다. 마무리로 갓 내린 커피를 손에 들고 깨끗한 파란 하늘을 본다. 서늘한 아침 공기를 맞으며 따뜻한 한 끼니를 때우니 고생스런 캠핑도 낭만적으로 느껴진다.

이제 온천욕을 할 차례. 협은 지열 지대 근처라 작은 마을에 어울리지 않는 큰 수영장이 있다. 어린이 풀장, 워터 슬라이드, 저온과 고온 노천탕까지 갖춘 최고의 수영장이다. 고온 노천탕에 몸을 담그니 "어, 시원하다!" 소리가 절로 나온다. 궂은 날씨로 지치고 감기 기운도 있던 몸이 낫는 것 같다. 워터 슬라이드를 오르락내리락하며 신나게 놀다 보니 볼이 빨갛게 물들어 있었다. 아침의 꾀죄죄한 모습은 찾아볼 수 없었다.

날씨가 언제 변덕을 부릴지 모르니 어제 저녁에 포기했던 불을 피워 보기로 했다. 쇠고기와 각종 채소를 준비한다. 룸파타라거린에서 구입한 일회용 바비큐(개당 499크로나)의 비닐 포장을 뜯으면 철망 아래 발화성 물질을 뿌린 종이와 석탄이 들어 있다. 알루미늄 포일로 된 상자를 흔들어 숯이 골고루 놓이게 한 후 종이에 불을 붙인다. 간편하다. 먹고 싶은 건 많은데 자리가 좁은 게 아쉬울 뿐. 일회용 바비큐는 차리는 것만큼이나 정리하기도 쉽다. 숯통에 물을 살짝 붓고 식혀서 버리면 된다.

캠핑장 풀밭에 아무렇게나 앉아 이른 점심을 먹었다. 구우면 단맛이 나는 파프리카는 껍질이 타도록 굽는다. 양송이 버섯은 기둥을 떼고 크림치즈를 꾹꾹 담아 말랑말랑하게 굽는다. 양파와 가지도 올린다. 불판이 잘 달구어지면 쇠고기를 올린다. 버섯 하나를 통채로 입에 넣고 호호 불어가며 맛있게 먹는다. 토마토는 껍질째 익혀 달달한 과즙을 먹는다. 반건조 대추야자 열매는 블루치즈로 속을 채우고 베이컨을 돌돌 감아 바싹 구웠다. 이렇게 하면 과일의 달콤함과 치즈의 담백함을 동시에 즐길 수 있다. 아이는 구운 소시지와 감자 샐러드를 좋아했다. 캠핑은 에너지가 많이 필요하다. 온 몸의 수의근이 반항을 하는 듯 몸이 천근만근이 된다. 그러니 더더욱 잘 먹어야 한다.

수고스럽고 귀찮기는 하지만 좋은 기억을 남기기엔 그만인 캠핑이었다. 풀밭에 비스듬히 누워 마신 커피 한 잔의 평온함, 옷을 개서 베개를 삼고 침낭에 쏙 들어갔을 때 느낀 아늑함, 텐트 천장에 옹기종기 걸린 안경들을 바라보며 빗소리를 듣는 낭만은 오래오래 기억에 남는다. 아이는 집에 돌아와서도 마당에 텐트를 치고 사촌들과 키득키득 이야기를 나누며 잠을 청한다. 또 캠핑 여행을 가자고 하면 선뜻 나설 태세나.

아이슬란드에서 제대로 노는 법

음악이 좋다, 사람이 좋다—
백야 속에서 즐기 룽가 콘서트

헙 마을과 작별하고 룽가 페스티벌을 보러 세이디스퐈르두르로 향했다. 에일스타디르에서 세이디스퐈르두르로 넘어가는 가파른 산을 올라갔다. 산 정상에 오르자 짙은 안개 뒤로 눈 덩어리들이 숨어 있다. 여름이지만 음지에서 채 녹지 못한 눈들이 음산한 풍경을 만들고 있었다. 두 달 남짓 이 마을에 산 적도 있고 네 번째로 이곳을 찾지만 이런 기괴한 느낌은 처음이다. 이 세상의 것이 아닌 무언가가 안개 저편에서 불쑥 튀어나올 것만 같다. 앞이 잘 보이지 않는 가운데 산을 꼬불꼬불 내려간다. 영화 〈월터의 상상은 현실이 된다〉에서 벤 스틸러가 보드를 타고 내려가던 바로 그 길이다. 중턱으로 내려오자 안개가 걷혔다. 피오르 안에 자리잡은 작은 마을이 모습을 드러냈다.

아이슬란드 동쪽 끝에 위치한 세이디스퐈르두르에는 각양각색으로 삼각 지붕을 얹은 오래된 목조집이 많다. 시골 변두리임에도 예술인들이 유독 많이 모이는 이 작은 마을은 역사가 길다. 아이슬란드가 독립 국가가 아니었던 19세기 중반에 북유럽에서 온 외국인들이 이곳에 청어 가공 공장 등을 세우면서 대표적인 근대 상업 중심지가 되었다. 그러다가 현대에는 예술과 공예가 발달하여 문화적으로 생동감 넘치는 마을이 되었다. 스위스 출신 그래픽 디자이너 디테 로스Dieter Roth (1930-1998)는 1957년부터

이 작은 마을에서 노년을 보냈다. 그의 아들 뵛 로스Björn Roth는 아이슬란드 예술대학과 공동으로 세이디스퓨르두르 문화센터 스커프트펠Skaftfell에서 디테 로스 워크숍을 운영한다.

이곳은 나와도 인연이 깊다. 2005년 나는 디테 로스 워크숍에 참여하였고 같은 해 가을 스카프트펠에서 전시를 했던 교수님을 위해 전시 보조를 하기도 했었다. 처음 이 마을에 온 것은 2001년 친구를 따라서였다. 마을 병원에서 아르바이트를 하며 여름방학을 보냈었다. 잠이 덜 깨 반쯤 감은 눈으로 자전거 페달을 밟으며 마을을 가로질러 출근하곤 했다. 그래도 될 만큼 조용하고 안전한 곳이었다. 변화의 속도가 느린 마을에서 15년 전에 만났던 친숙한 얼굴들을 다시 만나니 금세 그때의 기분으로 돌아간다.

여름마다 세이디스퓨르두르에서는 청년들의 축제 룽가LungA가 펼쳐진다. 올해가 무려 17회째다. 일주일 동안 각종 아트 워크숍, 콘서트, 강의가 진행된다. 한여름밤의 파티도 빠질 수 없다. 다양한 분야의 예술가들이 진행하는 아트 워크숍은 매표를 시작하자마자 금방 매진되는 인기 프로그램이다. 올해에는 댄스나 뮤직비디오 워크숍 외에도 가전 제품, 전자기기, 쓰레기 등으로 악기를 만드는 "쓰레기랩 오라토리오", 가라오케와 퍼포먼스를 결합한 "퍼포먼스 가라오케" 등이 있었다. 제목만 봐서는 실제로 수업 내용이 무엇인지 가늠하기 힘든 "현대 사회에서 돌멩이가 되는 법" "괜찮아, 위기야" "희망적 관측" 등도 있다. 답습을 거부하고 새로운 것을 창작하려는 실험적인 에너지로 가득찬 수업들이다. 이렇게 진행한 워크숍 결과물은 축제를 마무리할 때 전시와 대형 콘서트로 선보인다.

룽가는 개개인의 개성을 고양시키는 것을 최대 가치로 삼는 축제다. 청년들은 자신의 개성에 따라 창작 활동에 참여한다. 2016년 룽가는 교환

학생 프로그램 에라스무스Erasmus와 협업하여 축제 전 3일간 프로그램을 진행했다. 유럽 4개 학교에서 온 학생들이 우리가 살고 있는 세계를 이해하고 지속 가능한 사회를 만들어 가는 방법에 대해 고민하고 의견을 나눴다. 2014년부터 룽가는 주로 18-30세 사이의 청년들을 위한 룽가 학교를 함께 운영하고 있다. 12주짜리인 84과정(84는 수업일수를 따서 붙인 것이다)을 봄과 가을에 운영하고, 25주짜리인 175과정을 1년에 한 번 가을에 진행한다. 룽가 학교는 아카데미식 교육보다는 실험적인 방식으로 창작과 예술, 미학을 배우고자 하는 모든 이들에게 열려 있다.

페스티벌 마지막 날인 토요일, 마을은 십대 청춘들이 뿜어내는 열기로 어느 때보다 뜨겁다. 2001년에 보았던 룽가와는 비교할 수 없이 사람이 많아졌다. 동쪽의 명실상부한 대표 페스티벌이 된 듯하다. 룽가2016을 마무리하는 콘서트는 마을 끝자락에 있는 게스트하우스 마당에서 열렸다. 안개와 구름으로 피오르가 어둡다. 마당 한편에는 오래된 통통배가 있는데 알전구를 화사하게 주렁주렁 달고 맥주를 파는 바로 꾸몄다.

얇은 스웨터 하나만 걸쳐 쌀쌀했다. 마을 레스토랑에서 운영하는 푸드 텐트에서 갓 구운 피자 한 판을 받아들었다. 저녁 10시가 훌쩍 지났지만 백야라 어둡지는 않다. 밝은 밤하늘, 전등으로 장식한 야외 무대가 낭만적으로 어울린다. 교환 프로그램에 참가한 듯 보이는 외국인 젊은이들이 많다. 아이슬란드 청년들은 로파페이사를 입고 어딘지 수줍은 해사한 얼굴로 수다를 나눈다. 인파 속에서 반가운 얼굴들을 발견하고 인사를 나누었다. 오랜만에 만난 학교 선생님과 동창들이다.

신생 밴드 아이야Ayia, 푸라Fura, 휴먼 우먼Human Woman이 무대에 올랐다. 마당을 가득 채운 관객은 몽환적인 음악에 금세 빠져든다. 해바라기를 머리에 꽂은 청년, 얼굴을 반짝이로 장식한 아가씨, 빨간 울스웨터를 입은

청년, 히피 스타일의 아가씨 모두가 음악에 맞춰 몸을 흔든다. '흐느적 댄스'가 어울리는 음악이지만 젊음에 취해, 백야에 취해 같이 몸은 흔들어 본다. 해는 곧 언제 그랬냐는듯 짧아지기 시작하겠지. 날이 추워지고 백야는 흑야로 바뀔 것이다. 가장 밤이 긴 12월 21일 즈음에는 이 아름다운 여름밤이 기억나지 않을지도 모른다. 하지만 괜찮다. 지금은 이렇게 빛과 열기가 가득한 여름 한가운데 서 있으니.

동네 미술관에서 예술혼을 일깨우다—
포크 앤드 아웃사이더 미술관

매혹적인 자연 경관을 따라 여행하는 중에도 아이슬란드의 여러 마을에서 좋은 작품과 전시를 쉽게 만날 수 있다. 아이슬란드 제2의 도시 아쿠레이리에서는 창작의 기쁨을 전하는 그룹전 "즐거움Pleasure"을 볼 수 있었고 남부의 작은 마을 크베라게르디Hveragerði에서는 루리의 2인전을 만났다. 동부의 작은 마을 듀파보이Djúpavogi에는 아이슬란드 개념 미술의 아버지 시구르두르 구드문드손Sigurður Guðmundsson의 공공조형물 〈에그〉가 방파제를 따라 전시되어 있었다. 아이슬란드의 거친 화강암을 중국으로 보내 새 알처럼 깎아서 완성한 작업이다. 또 시구르두르는 레이캬비크 사이브뢰이트에서 방파제 역할을 하는 돌을 중국으로 보내 거대한 몽돌로 만들었다. 다시 아이슬란드의 자기 자리로 돌아온 이 돌들은 아이슬란드를 찾아 대서양을 건넜던 바이킹들을 상징하는 작품 〈솔파리드Sólfarið〉(태양 항해자) 옆에서 관광객과의 조우를 조용히 기다리고 있다.

아쿠레이리 근교에 위치한 삽느나삽느니Safnasafnið 포크 앤드 아웃사이더 미술관은 하얀 목조 건물이다. 레이캬비크 방파제의 몽돌처럼 그냥 스쳐지나기 쉬운 평범한 외관이다. 마당에 선 대형 철제 조형물이 이곳이 미술관임을 살짝 알려준다. 1995년까지만 해도 지방의회에서 사용하던 건물이지만 작가 출신 큐레이터인 니엘스 합스테인과 그의 부인이 미술관으로 변신시켰다. 부부는 30여 년 간 수집한 322명의 시각 예술가와 아

웃사이더 작가들의 작품 6천여 점을 이곳에 보관하고 전시한다. 합스테인은 리빙아트 미술관The Living Art Museum의 창립자이자 관장 츨산스코, 아구데 이리 변두리에 레이캬비크 대형 미술관과 비교해도 부족함 없는 훌륭한 미술관을 만들었다.

내부로 들어오니 밝고 따뜻하다. 창가마다 꽃이 흐드러진 화분들을 놓았다. 로비에는 락그나르 뱌르나손Ragnar Bjarnason의 콘크리트 조각들이 자리 잡고 있다. 시골 사람들의 일상 생활이나 상상 속 선과 악의 싸움 등 다양한 내용을 표현했다. 1층 안쪽 전시실에는 2016년 기획 전시가 진행 중이었다. 유명 현대 작가들의 작품과 함께 아웃사이더 작가들의 작업이 전시되어 있는데 참여 작가들의 성비도 고려했다. 또한 전문 교육을 받았는지 따지지 않고 좋은 작품을 전시한다는 이 미술관의 철학이 잘 드러난다. 로비 왼쪽에 위치한 전시실에는 전 세계에서 모은 400여 종의 인형 컬렉션이 있다. 영국 웨일스 출신 방문객이 보냈다는 인형의 재미있는 사연이 눈에 띄었다. 이 관람객은 여기에서 웨일스 인형을 찾지 못하자 집으로 돌아가 인형과 편지를 보냈다.

2층에 올라간 나는 조용한 환호성을 질렀다. 학생 시절부터 팬이었던 훌다 하우콘Hulda Hákon의 작업이 있었기 때문이다. 헬멧을 쓴 조각은 얇은 나무 조각들을 붙이고 채색하여 만든 것이다. 헬멧 앞에는 프리키Frikki라는 이름이, 뒤편에는 "다음 혁명은 완벽할 것이다THE NEXT REVOLUTION WILL BE PERFECT"라고 쓰여 있다. 프리키는 혁명가였다. 바닷사람인 프리키는 유명 락밴드 AC DC의 이름이 쓰인 방수복을 입었다. 프리키가 서 있는 작은 구름 모양 플랫폼에도 작가는 블랙 유머를 발휘해서 이렇게 써 놓았다. "콜베인스에이 섬 북쪽에서 거대한 바다 괴물을 보았다, 사람들이 그의 이야기에 코웃음을 치자 그는 더 이상 그 이야기를 하지 않는다."

혁명가의 비밀스런 이야기가 있는 전시실 건너편에는 또다른 팬심을 자극하는 작업이 있다. 젊은 작가 로이 허스쿨드손Loji Höskuldsson(1987년생)의 작업이다. 이 남성 작가는 굵은 실로 엉성하게 자수를 놓는다. 비뚤비뚤한 드로잉을 닮은 자수는 바비큐, 들꽃 등을 천 위에 설렁설렁 던져 놓은 듯하다. 일상의 파편을 자수로 다룬 엉뚱함이 재미있다. 가볍지만 자유롭다.

2층에는 도서실도 있다. 시각 예술, 디자인, 건축, 텍스타일, 공예 등을 아우르는 수백 권의 책이 선반과 책장을 채우고 있다. 큐레이터의 면모를 한 눈에 볼 수 있는 곳이다. 나는 창가 앞 벤치에 잠시 앉았다. 하얀 벤치에는 코바늘로 뜬 색색의 담요를 깔아 놓았다. 벤치 옆에는 커다란 목조각이 서 있다. 부드러운 담요 위에 가만히 앉아 있기만 해도 미술관의 풍요로운 공기에 전염되는 것 같다.

도서실을 기준으로 반대편 전시실에는 정규 교육을 받지 않은 아웃사이더 작가들의 작업이 있다. 창작 행위 자체에 바치는 애정사다. 스바바 스쿨라도띠르Svava Skúladóttir(1909-2005)는 63세에 작업을 시작했다. 그는 흙으로 작은 사람들을 빚었다. 옷은 유약으로 반질반질한데 얼굴에는 유약을 바르지 않고 거칠게 내버려 두었다. 눈, 코, 입 등 디테일이 없는 작은 조각들이 묘한 에너지를 발산한다. 으스스하면서도 깨끗하고 오염되지 않았다는 느낌을 준다.

아이슬란드 미술가들은 문물의 이동이 자유롭지 않은 섬에 살아서인지 글로벌한 트렌드를 따르지 않는 독특한 스타일이 있다. 니엘스 합스테인은 아이슬란드 작가들의 작업이 서정적이며 컬러풀한 점이 특징이라고 한다. 아웃사이더 미술가들의 작업은 아이슬란드의 자연을 닮았다. 가령 농장에서 동물과 가까이하며 자란 작가라면 종이를 동물 모양으로 잘라 정성스레 채색한 작업을 볼 수 있다. 합스테인 관장은 전문 교육을 받지

않고도 스스로 창작의 길을 가는 많은 작가들을 격려하고 칭송한다. 응원을 받을수록 이들은 마음껏 창의성을 발휘한다.

들떠서 콩닥거리는 가슴을 진정시키며 1층 로비로 내려갔다. 합스테인이 직접 모은 갖가지 마술 도구를 서랍에서 꺼내더니 로비 테이블 위에서 하나씩 마술을 펼쳐 보였다. 토끼가 커졌다 작아지고 인형이 사라졌다 나타났다. 아이를 위한 깜짝 공연이었지만 여덟 살짜리 꼬맹이의 가슴에도, 어른들의 마음에도 반짝이는 무언가를 심어 주었다.

불금엔 해피 아워!—
레이캬비크 시내 맥주 가게 탐방

지금까지 다이내믹한 갖가지 미션을 잘 마쳤으니 이제 스스로에게 상을 줄 차례다. 열 곳 남짓의 크래프트 맥주 제조업자가 자신만의 맛으로 승부하는 레이캬비크에서 시원쌉싸름한 맥주를 마시며 신나게 놀아볼 시간이다.

국영 주류 판매점 ATVRThe State Alcohol and Tobacco Company of Iceland은 일반적으로 빈부드Vínbúð라 부른다. 아이슬란드에서는 빈부드에서만 주류를 구매할 수 있다. 원래 아이슬란드에서는 1915년부터 맥주 판매를 금지했었다. 다른 주류보다 값이 싸서 가산을 탕진하고 망하기 쉽다는 이유였다. 그러다가 1989년에야 판매가 허용되었다. 2000년대에 들어서는 마이크로 브루어리가 활발해져서 아이슬란드 맥주는 하루가 다르게 다양해지고 맛이 좋아지고 있다. 대표적으로 얼게르딘Ölgerðin, 갸이딩구르Gæðingur, 스테드이Steðji, 칼디Kaldi, 보르그Borg, 세굴 67Segull 67, 얼비스홀트Ölvisholt, 에인스틱Einstök, 브릭갼 브룩후스Bryggjan Brugghús등의 크래프트 맥주 회사가 있다.

나는 흑맥주 미르크비Myrkvi nr.13를 좋아한다. 신생 업체 보르그의 제품으로 18세기 런던 포터 에밀을 모델로 만든 맥주다. 보르그는 아이슬란드 대표 양조회사인 얼게르딘 에이일 스캇들라그림손Ölgerðin Egill Skallagrímsson이 설립한 소규모 브루어리다. 미르크비 외에도 다양한 특색을 지닌 맥주를 생산한다. 묵직하고 속이 꽉 찬 미르크비에서 커피, 초콜릿, 캬라멜의 향을 맡는다면 당신은 진정 구르메의 혀를 가졌다. 미르크비는 2014년 월드 크래프트 맥주 어워드wbA에서 유럽 초콜릿 & 커피 향 부문에서 금메달을 수상했다.

레이캬비크의 옛 항구에 위치한 브릭간 브룩후스(부두 양조장이라는 뜻)는 아이슬란드 최초의 마이크로 브루어리다. 브릭간 브룩후스에서는 장인이 빚은 12가지의 맥주를 맛볼 수 있다. 홉과 맥아로 만든 인디언 페일 에일 IPA '리틀 그리스'(작은 돼지)를 추천한다. 대형 홀이 있는 브릭간 브룩후스에서는 맛깔스런 음식도 즐길 수 있다. 매주 목요일, 금요일에 운영하는 투어에서 양조 과정을 견학할 수도 있다.

스카가표르두르 마이크로 브루어리 갸이딩구르Gæðingur의 인디언 페일 에일도 추천한다. 이 맥주는 래프팅을 마친 후 바이킹 래프팅의 베이스 캠프에서 등장했었다. 4.5도의 가벼운 이 맥주는 쓰면서도 단맛이 훌륭했다. 들꽃 냄새가 나는 듯도 했다.

시내 중심가 뢰이가베구르Laugavegur 20B에 위치한 칼디Kaldi 바에 가면 마이크로 브루어리 브룩스미댠Bruggsmiðjan의 대표 맥주 칼디를 맛볼 수 있다. 브룩스미댠은 아이슬란드의 한 부부가 덴마크의 활발한 마이크로 브루어리에 관한 뉴스를 보고 자신들이 원하는 맥주를 직접 만들기로 결심하고 2005년 설립한 회사다. 전통 체코식 맥주를 지향하는 칼디는 아이슬란드 물과 홉, 체코에서 수입한 4가지 종류의 맥아로만 빚는다. 설탕이나 방부제를 넣지 않는다. 칼디 바는 그 밖에도 옥토버 페스티벌 맥주, 여름용 인디언 페일러, 벨지언 트리플 등 시즌별 맥주를 내놓는다. 크리스마스 맥주 역시 많은 사랑을 받는다.

여기에서 오랫만에 좋은 신구 오올러브를 만났다. 영국 유학 초기에

아이슬란드에서 제대로 노는 법

하우스메이트였던 친구다. 칼디 바에서는 평상시 맥주 한 잔이 1,200크로나(약 1만 2천 원)지만 해피아워인 오후 4시부터 7시까지는 한 잔에 700크로나다. 우리는 아담한 뒤뜰에 앉았다. 보통은 칼디 흑맥주를 즐겨 마시지만 이번에는 여름용 인디언 페일을 시켰다. 향긋하고 시원하면서도 좋은 바디감을 가졌다. 7월 초는 한여름이지만 펍 건물에 가려진 뒤뜰은 약간 선선했다. 오울러브는 아이슬란드의 예술 현장, 학교 친구들 이야기를 들려주었다. 영국의 브렉시트 역시 빠질 수 없는 주제다. 파운드 약세를 핑계삼아 런던을 갈 때 아니냐며 웃었다. 맛있는 맥주를 나누며 오랜만에 좋은 친구와 함께하는 해피아워 세 시간은 너무나 짧다.

꼴찌여도 괜찮아—
아이슬란드에서 레이스를

길게 늘어난 내 그림자를 좇으며 뛴다. 가쁘게 숨을 들이마신다. 열심히 팔을 흔들며 달린다. 어느새 해는 기울어 이미 뜨거워진 몸을 내리쬔다. 좀처럼 뜨거울 일 없는 북방의 해가 오늘은 막 타오르고 있다.

난생 처음 '레이스'에 참가했다. 이번 여행 일정을 짜면서 윤 작가는 10 킬로미터 아디다스 부스트 레이스에 꼭 참가하고 싶어 했다. 친구이자 동료인 그를 응원하고 싶어 나도 함께 했다. 사실 반은 떠밀려서 나갔다. 출발선 앞에 서니 심장이 콩닥거렸다. 레이스는 저녁 8시 엣들리다아우르달루르Elliðaárdalur에서 시작했다. 엣들리다아우르달루르는 레이캬비크 브레이드홀트Breiðholt와 아우르바이르Árbær 사이에 위치한 생태 공원이다. 엣들리다아우 강을 따라 폭 최대 1킬로미터, 길이 약 6킬로미터의 공원이 형성되어 있다. 평소 주민들이 애용하는 산책길이 오늘의 달리기 트랙이다.

출발하고 얼마 지나지 않아 속도가 빠른 그룹을 먼저 보냈다. 나를 포함해 네 명의 여성이 가장 뒤쪽에서 함께 뛴다. 522번을 단 나는 시작점부터 꼴찌를 목표로 한 듯 뛰다 걷다를 반복한다. 걷고 달리기를 반씩 한다면 한 시간 30분 안에는 10킬로미터를 완주할 수 있으리라. 필라테스 수업에서 유산소 운동을 했을 때처럼 속으로 숫자를 세어 봤다. 평소 운동량만큼 1400을 세 봐야지. 그러나 숨소리에 묻혀 숫자는 지워지고 말

았다. 뜨거워진 얼굴을 식히며 또 걷는다. 내 앞에서 쉬지 않고 페이스를 유지하는 프로 같은 언니들을 놓치지만 않으면 된다 이 언니들이 나의 가이드이자 페이스메이커다.

저녁 나절 공원 풍경은 사랑스럽다. 레이캬비크의 센트럴파크라 불릴 만하다. 주택가와 이어진 공원은 초록으로 가득하다. 그러나 자세히 봐야 사랑스러운 들꽃들을 들여다 볼 여유는 없다. 다리를 건넜더니 해는 또 위치를 바꾸었다. 나무 그림자를 찾아 들어가고 싶다. 저기 멀리 보이는 나무까지 또 뛰기로 한다. 공원 풍경을 보며 내가 달리고 있다는 걸 잊어 보려 한다. 여름이면 연어가 찾는 강은 나와 반대 방향으로 조용히 흐르고 있다. 밝은 하늘이 검은 강바닥에 비친다. 기타를 들고 나와 강가에 앉은 사람들도 있다. 물을 바라보며 시원하게 맥주라도 들이킨다면 부러울 게 없겠다.

소풍족을 지나치고 얼마 지나지 않아 새가 머리 위를 휙 날아간다. 날아가는 새와 함께 나도 살짝 공중으로 떴다 내려앉는다. 저만치 앞에서 아이들과 산책하는 사람들이 보인다. 갑자기 난리법석이 났다. 토끼다! 원래 애완용이었다가 공원에 방사되어 야생으로 살아가는 토끼들이다. 온몸이 까만 녀석, 점박이 무늬를 한 녀석, 강도 새도 토끼도 날 응원한다. 가자 가자 가자.

어느덧 레이스는 막바지에 다다랐다. 꾸준히 페이스를 놓치지 않던 언니들도 하나 둘 사라지고 이제 한 명의 가이드만이 남았다. 절대 놓쳐서는 안 되는 소중한 분이다. 드디어 산책길을 벗어나 운동장 쪽으로 들어섰다. 재미있는 풍경이 없으니 달리기가 더 힘들다. 이미 전환점을 찍고 온 많은 러너들이 나를 스치고 지나갔다. 앞에서 레이스를 이어가던 윤작가도 곧 지나가겠구나 싶어 힘을 낸다. 끈적이는 느낌의 이온 음료를 꿀

꺽 삼키고 뛴다. 내 소중한 페이스 메이커도 좀 지쳐 보인다. 열심히 페이스를 맞춰 뛰며 응원한다. 우리는 마지막 주자라 주최측의 관심을 한 몸에 받게 되었다. 자전거가 한 대 나타나더니 마지막 800미터를 함께 달려 주었다. 그동안 혼자여서 좋았는데, 이젠 걸을 수도 없고 영차영차하며 마지막까지 뛰는 수밖에.

나의 러닝 메이트는 저만치 멀리서 결승점을 통과했다. 이제 정말 공식 꼴찌다. 꼴찌여도 좋아! 처음 하는 도전이었다. 그것도 가볍게 해본다는 마음으로 시작했다. 쉬운 시작이었는데, 끝까지 마치는 건 어려웠다.

돌이켜 보면 어떤 일이든 마찬가지였다. 외국에서 접시닦이 아르바이트로 한 달 생활비를 버는 것도, 드로잉 수업을 들으며 새로운 영역에 발을 들여놓는 것도, 사전 세 가지를 들춰 가며 전문 가이드 과정을 공부하는 것도, 텐트로 야영하는 일주 여행도. 모두 마지막 힘까지 짜내어 마무리를 지어야 한다. 힘이 들더라도, 그렇게 완주하여 나만의 작은 성공담을 쓰는 일은 늘 짜릿하다.

6부

—

현지인처럼 내멋대로 아이슬란드 여행하기

2010년 한국으로 생활 터전을 옮긴 후에도, 한국 방송사들의 현지 촬영을 돕는 일로 아이슬란드를 종종 찾았다. 크리스마스나 여름 휴가를 아이슬란드에서 보내기도 했다. 2016년 여름 아이슬란드 방문은 더욱 특별했다. 책을 쓰기 위한 취재 여행이기도 했지만 초등학생이 된 아들과 함께한 가족 여행이었기 때문이다. 여행을 기억할 만큼 자란 아이를 위해 모처럼 재미있는 여행을 하고 싶었다.

한여름은 아이슬란드 여행 성수기다. 베슬루나르만나헬기(Verslunarmanna-helgi, 직역하면 상업 종사자를 위한 주말)라 부르는 8월 첫째 주 월요일 전 주말은 아이슬란드 사람들 대부분이 여행을 다니는 시즌이다. 베슬루나르만나헬기의 시작은 1894년이다. 레이캬비크 자영업자 연합은 당시 특별히 휴가가 없었던 상점 직원들이 쉴 수 있도록 9월 13일을 휴일로 지정하였다. 몇 년 후 날짜를 바꾸어 8월 첫째 월요일을 아이슬란드 공휴일로 지정했고 여름과 백야를 야외에서 즐길 수 있는 아이슬란드 최대의 아웃도어 축제가 되었다. 아쿠레이리, 이사표르두르Ísafjörður, 네스쿼입스스타두르Neskaupsstaður 등 유명한 캠핑 축제들도 있지만 매년 약 1만 6천 명이 모이는 베스트만나에이야르Vestmannaeyjar 섬 축제는 명실상부 베슬루나르만나헬기의 대표 축제다. 축제가 열리는 헤르욜브스달루르Herjólfsdalur 평원에서는 젊음, 파티, 콘서트가 폭발적으로 펼쳐진다(각종 사건 사고도 발생한다). 우리는 이 번잡한 시즌을 피하려고 7월 초에 아이슬란드에 도착했다.

아이슬란드에 도착하여 첫 열흘은 취재를 위해 레이캬비크에 있었다. 레이캬비크 일정을 마치고 7월 16일, 우리는 플루디르 캠핑장의 야영을 시작으로 시계 반대 방향으로 아이슬란드 일주 여행에 나섰다. 9박 10일 동안 여행하면서 헙에서는 바비큐를 즐겼고 아쿠레이리에서는 욘과 아수타의 집을 방문했다. 아이슬란드를 한바퀴 돌면서 어떤 마을에 멈출지, 어떤 도로를 탈지는 대부분 상황과 기분에 따라 정했다. 미리 숙소를 예약하지 않고 캠핑 여행으로 했기에 가능한 일이다. 즉흥적으로 "넨니 에끼"와 "예그 필라"를 남발하며 재미있게 여행했던 코스를 부록으로 엮어 소개한다. 그래서 앞의 본문에서 소개한 곳들이 이 여행기에 다시 등장하기도 한다. 전문 여행 가이드 책처럼 꼼꼼하게 다루지는 않았다. 아이슬란드를 이렇게도 여행할 수 있구나 정도로 봐 주시면 좋겠다.

먼저 아이슬란드 그 어느 지역보다 문화적 혜택을 많이 받는 도시 레이캬비크부터 소개한다.

레이캬비크 시내 구경하기

미술관과 박물관

레이캬비크에는 40여 개의 미술관과 갤러리, 예술 공간이 있다. 시에서 운영하는 미술관인 레이캬비크 아트 뮤지엄Reykjavík Art Museum은 하프나르후스Hafnarhús (Tryggvagata 17, 101 Reykjavik), 캬르발스타디르Kjarvalsstaðir (Flókagata, 105 Reykjavik), 아우스문다르삽Ásmundarsafn (Sigtún, 104 Reykjavik) 이렇게 세 곳에 있다. 이 세 미술관 각각에서는 아이슬란드가 낳은 천재 화가 에로, 대표 근대 화가 캬르발, 근대 조각가 아우스문두르 스벤손의 작업을 상설전으로 만날 수 있다. 이 외에도 중심가 골목을 걷다 보면 작은 갤러리, 아트 스페이스를 우연히 맞닥뜨리게 된다.

이아웃다 외 소규모 갤러리들
이아웃다i8(Tryggvagata 16, 101 Reykjavik)는 아이슬란드의 유일한 컨템포러리 아트 전문 갤러리다. 흰색 큐브 모양의 아담한 공간이지만 세계 무대에서 활동하는 작가들의 작품을 만날 수 있다. 이렇게 작지만 개성 있는 갤러리로는 에끼센스 아트 스페이스Ekkisens-Art Space (Bergstaðastræti 25b, 101 Reykjavik), 하르빙거Harbinger (Freyjugata 1, 101 Reykjavik), 베르그 컨템포러리BERG Contemporary (Klappastígur 16, 101 Reykjavík) 등이 있다.

아이슬란드 국립 박물관

최근에 문을 연 베르그 컨템포러리를 찾았으나 일요일 휴무라는 팻말이 걸려 있다. 아쉬운 발걸음을 돌려 아이슬란드 국립 박물관National Museum of Iceland으로 향했다. 이 박물관은 2004년에 재단장을 마치고 다시 문을 열었다. 공항 수하물 컨베이어 벨트 위에 근대의 다양한 사물들을 모아둔 3층 전시실이 인상적이다. 상설전 〈국가가 형성될 때까지〉에서는 아이슬란드에 정착한 바이킹 시대의 문화재를 볼 수 있다.

발소웁스스타두르Valþjófsstaður 도어는 유일하게 현존하는 중세 아이슬란드 목공예 문이다. 1200년 경 제작된 문의 윗부분은 로마네스크 형식으로 네모가 아닌 원형이다. 문의 상부에는 잘 알려진 중세 신화 〈르 세발리에 어 리온Le Chevalier au Lion〉 이야기가 새겨져 있다. 매와 싸워 승리한 기사는 무시무시한 드래곤도 무찌른다. 드래곤에게 잡혀 있던 사자는 자유의 몸이 되어 기사를 따른다. 하부에는 네 마리의 용이 서로의 꼬리를 물며 십자형으로 어지럽게 얽혀 있다. 이 외에도 각종 의자 장식이나 램프 장식 등을 통해 스칸디나비아 전통 공예 문화를 경험할 수 있다.

1층 뮤지엄 샵에서는 문화재 이미지를 담은 엽서와 책, 지도 등 기념품을 판매한다. 퍼핀샵이라 불리는 시내 기념품샵에서는 볼 수 없는 상품이 많이 있으니 아이슬란드 문화의 향기를 담은 상품을 원한다면 이 곳을 이용해 보시길.

음악

켁스 호스텔

켁스 호스텔은 215여 개의 침상을 보유하고 여행자에게 숙소를 제공한다. 비스킷 공장을 개조한 건물이라 이름도 비스킷(아이슬란드어로 켁스)이 붙었다. 재생 가구를 이용한 빈티지 인테리어, 무료 콘서트 같은 문화 행사, 햇살을 즐기는 실외 데크 등으로 관광객과 현지인 모두에게 사랑받는 독특한 공간이다. 켁스 호스텔은 아이슬란드 밴드들의 친밀한 라이브를 한국에서도 즐길 수 있게 해주는 고마운 음악 전파자이기도 하다. 이곳의 공연은 시애틀의 비영리 라디오 채널 KEXPFM 90.3, kexp.org을 비롯하여 유튜브 등에서 전 세계인들과 공유된다. 매주 화요일에 무료 재즈 콘서트가 열리는데 마침 화요일이라 음악을 들으러 갔다.

바다를 향해 난 창으로 저녁 백야빛이 들어오지만 공연장이 있는 로비는 어두운 편이다. 오늘의 연주는 3인조 재즈 그룹 아이스데인IceDane이 맡았다. 유명 재즈 피아니스트 칼 윈더Carl Winther를 초청하여 함께 연주한다. 피아노, 콘트라베이스, 색소폰, 드럼이 연주하는 빠른 템포의 음악이 로비

를 가득 채운다. 머릿속에서도 음표들이 통통통 위로, 아래로 내달린다.

켁스 호스텔은 맥주와 음식도 일품이다. 가스트로 펍을 지향하는 이 호스텔의 레스토랑은 독특한 메뉴를 선보인다. 우리 일행은 돼지고기 요리(2,690크로나)와 쇠고기 골수요리(950크로나)를 주문했다. 돼지고기를 양파, 느타리버섯과 함께 빵에 올린 요리가 먼저 나왔다. 한국의 장조림과 비슷해 친숙하다. 이어서 길죽하게 자른 쇠고기뼈가 나왔고 남편은 갈비탕을 후루룩 마시듯 골수를 맛있게 빼먹는다. 재즈 연주는 여전히 한창이다. 켁스 호스텔의 가스트로 펍에서만 볼 수 있는 독특한 풍경이다.

● Skúlagata 28, Rvk

레코드 전문점

레이캬비크의 레코드 가게들은 단순히 음반만 판매하는 것이 아니라 음악을 전파하는 중요한 문화적 공간이다. 뢰이다라르스티구르Rauðarárstígur 10에 위치한 럭키 레코드Lucky Records는 LP, CD, DVD 등을 신제품과 중고 모두 취급한다. 널찍한 가게 한편에 마련된 작은 무대는 뭐하는 곳이냐고, 느긋하게 카운터를 지키는 아저씨에게 물었다. 미리 짜여진 공연 일정은 없지만 상황에 따라 즉석 콘서트가 열린다고 한다. 사방이 음악으로 꽉 찬 이곳에서 반짝이는 눈망울로 끼를 발산하는 무명 뮤지션들이 눈에 선하다.

최근 크베르비스가타에 문을 연 비닐Vinyl 역시 작은 콘서트가 열리는 음악 카페 겸 레코드숍이다. 우리가 찾은 이른 오후에는 행사가 없어 보통 커피숍과 다를 바 없었지만, 운이 좋다면 저녁에는 뮤지션과 DJ들의 연주를 감상할 수 있다. 음반 벼룩시장도 가끔 연다. 음반 진열은 자유롭게 해 놓았다. 커피를 마시며 몇몇 통에 든 LP들을 들춰볼 수 있는 정도

다. 비건 채식 메뉴도 있어 반갑다. 차세대 레이캬비크 힙스터들의 아지트 같은 곳이다.

통통 튀는 에너지로 레이캬비크에 생기를 불어 넣는 신생 공간들도 있지만 오래동안 이곳을 지켜온 터줏대감도 있다. 출판사이자 음반사인 스멕레이사Smekkleysa의 레코드숍에 가 보자. 뵤르크가 싱어로 참여했던 밴드 슈가큐브스Sugarcubes의 제작사이기도 했던 스멕레이사는 1986년에 설립되었다. 슈가큐브스의 멤버들이 음반 수익으로 시집을 출판하겠다며 차린 회사다. 그런데 이후 아이슬란드 대표 밴드 시구 로스Sigur Rós의 음반을 내면서 스멕레이사는 아이슬란드 음악 역사에서 결코 빠질 수 없는 존재가 되었다. 아이슬란드 대표 뮤직 페스티벌 에어웨이브스 기간에는 이곳도 작은 콘서트가 열려 발 디딜 틈이 없다. 매장에는 음반과 티셔츠, 악세사리가 빼곡하다. 그중 슈가큐브스의 슬로건 "World domination or death!"이 박혀 있는 티셔츠가 눈에 띈다. 2016년 방송 인터뷰를 위해 이곳에서 만났던 에이나르 어른이 말하길, 당시 이들은 세계에서 승전보를 울리거나 죽어버리거나 둘 중 어느 쪽이 되든 상관 없다는 태도였다고 한다. 과연 반항을 온몸으로 표현하는 펑크답다. 여전히 해외에서 왕성히 활동중인 뵤르크의 포스터도 보인다. 카운터를 지키는 곱슬 단발머리 아저씨도 왕년에는 공연장 어딘가에서 종횡무진 활약했을 듯하다. 30년 역사의 스멕레이사 레코드숍, 앞으로도 오래오래 이 자리를 빛나게 지켜 주었으면.

● 럭키 레코드 | Rauðarárstígur 10 | 월-금 9-19시, 토-일 11-17시
● 비닐 | Hverfisgata 76 | 월-금 9-23시, 토 10-23시, 일 11-23시
● 스멕레이사 | Laugavegur 35 | 월-금 10-18시, 토 10-17시, 일 12-17시

도서관, 북카페

고가의 책이나 잡지를 살 형편이 안 되던 시절, 서점 북카페는 나를 언제나 반겨주던 곳이다. 주말이면 친구들과 테이블 하나를 점령하고 앉아 영국 최신 패션을 구경하거나 각자의 별자리 점을 읽어 주곤 했다. 커피 한 잔 값으로 한두 시간 신나게 놀 수 있는 곳이다 보니 마울 & 멘닝Mál og Menning (Laugavegi 18, RVK 101) 서점의 수피스틴Súfistinn 카페나 펜닌 에이문손Penninn Eymundsson (Austurstræti 18, RVK 101) 서점의 티 앤드 커피Te og Kaffi는 좀처럼 테이블이 나지 않을 정도로 인기가 많다.

이다 북카페 IÐA Bókakaffi

관광객이 적은 편인 이다 북카페를 찾았다. 〈꽃청춘〉 출연진이 마지막 만찬을 가졌던 피시 컴퍼니Fish Company와 같은 건물에 있다. 이다에는 낮은 책장들 사이에 테이블이 몇 개 놓여 있다. 오래된 목재 바닥이 공간에 안정감을 주고, 장난감과 인테리어 소품들로 알록달록 꾸몄다. 아담한 목조 건물의 거실에 들어온 듯한 느낌이다. 일리 커피와 함께 아이슬란드 관련 책, 어린이책, 디자인, 사진, 예술 관련 책 등을 볼 수 있다.

정착민의 역사를 다룬 옛 이야기 사가Saga가 구전되었던 아이슬란드답게 이곳 사람들은 책과 이야기를 무척 사랑한다. 책은 아이슬란드 사람들에게 최고의 선물이기에 크리스마스에는 다양한 출판물이 봇물처럼 쏟아져 나온다. 지난 크리스마스에 출간되어 큰 히트를 친 책《이루어지지 않은 레이캬비크Reykjavík sem ekki varð》를 집어들었다. 노란 커버가 눈에 띄는 양장본으로, 설계로만 그치고 건축되지 못한 레이캬비크의 건축물들이 책의 주인공이다. 익숙한 레이캬비크의 랜드마크들이 다른 모습일 수

도 있었다는 '뒷'이야기를 읽으며 감탄했다. 아르나홀Arnarhóll 언덕 뒤에 조용히 위치한 아이슬란드 중앙은행이 위협적으로 큰 길가에 우뚝 서 있기도 하고 곧게 솟은 주상절리 모양의 할그림스 교회는 날씬한 모습을 잃고 돔형 중세 교회 모양을 하고 있다.

● Vesturgata 2a, 101 Rvk | 월-금 8-22시, 토-일 10-22시

보킨 서점 Bókin

세련되고 친숙한 이다 북카페와 달리 마치 서울 황학동에 온 듯 입구에서부터 양 옆으로 오래된 책들이 쌓여 있는 서점도 있다. 레이캬비크 시내 중심가에 위치한 보킨 서점은 손때 묻은 중고책을 살 수 있는 곳으로 역사가 50년이나 되었다. 사람 키를 훌쩍 넘게 쌓아 놓은 책들과 책방 곳곳을 장식한 포스터, 엽서, 그림이 독특한 분위기를 연출한다. 영어로 번역된 아이슬란드 책이나 옛날 지도, 흑백 풍경 사진 등이 없어서인지 관광객들이 많이 찾는 곳은 아니다.

　보킨 서점의 계산원 크리스탸운은 원래 교사였다가 은퇴 후 이곳에서 12년째 일하고 있다. 크리스탸운은 보킨 서점의 DJ이기도 하다. 매장에는 노르웨이 출신의 색소포니스트 얀 가바렉Jan Garbarek과 힐리어드 앙상블의 음악이 흐르고 있다. 중세와 현대가 교차하는 듯한 오묘한 음악이다. 음악에 끌려 시작된 크리스탸운과의 대화는 주제가 미술로 넘어갔다. 크리스탸운은 카운터 뒤에 잘 모셔 둔 한 절판본 회화집을 내게 건넸다. 1938년 레이캬비크의 공기와 분위기를 고스란히 담은 책은 이 중고 책방의 매력을 잘 보여준다. 중고 LP 판매대를 훑어보다가 지인의 이름과 전화번호가 적힌 LP를 찾았다. 그는 이 음반을 틀림없이 파티 같은 곳에서 잃어버렸을 것이다. 나는 음악을 사랑하는 옛 주인에게 돌려줘야겠다며 LP를 챙

겼다. 시간이 차곡차곡 쌓여 있는 오래된 서점에서만 가능한 보물찾기다.

● Klappastíg 25-27 | 월-금 11-18시, 토 12-17시

레이캬비크 도서관 Reykjavík Borgarbókasafn
레이캬비크 사진 미술관 Ljósmyndasafn Reykjavíkur

레이캬비크 도서관은 어슬렁거리며 책과 함께 시간을 보내기에 안성맞춤
인 곳이다. 아이슬란드 주민번호가 없어도 들어갈 수 있는 열린 도서관이
다. 도서관 2층 한쪽 코너에는 미국, 프랑스, 일본, 한국 등지에서 온 만화
책이 모여 있다. 손뜨개나 공예 잡지 코너도 있다. 중앙 소파에 앉아 편안
하게 열람하면 된다. 바다가 보이는 창 앞의 어린이 코너는 친근한 분위기
에 발길이 절로 멈춘다. 알록달록 꾸민 독서 공간에서 작은 의자에 앉아
아이들에게 책을 읽어 주는 엄마 아빠들이 사랑스럽게 보인다.

도서관 5층에는 레이캬비크 사진 미술관이 있다. 천창으로 자연광이
가득 드는 이 미술관은 세계 각국 작가들의 작품을 전시한다. 레이캬비
크 시가 운영하며 입장료가 없다. 물가가 비싼 레이캬비크에서 공짜로 평
온한 순간을 즐길 수 있는 곳 중 하나다. 이 날은 흑백 사진전이 열리고
있었는데 외진 아이슬란드 시골 마을의 풍경이 쓸쓸하면서도 피사체들
은 정감이 있었다. 하늘로 난 창에 빗방울이라도 하나둘 떨어진다면 금상
첨화겠다.

● Grófarhús, Tryggvagata, RVK 101

빈티지

콜라포르티드 벼룩시장 Kolaportið

아이슬란드는 물가가 비싸고 제조업이 활발하지 않아 중고 제품 인기가 높다. 경제적 여유가 없는 미술학도 시절 나는 벼룩시장을 많이 애용했다. 아이슬란드에서 사람 냄새 나는 시장 분위기를 맛보고 싶다면 콜라포르티드가 제격이다.

콜라포르티드는 원래 이사, 여름 대청소 등을 맞아 가판대를 임대하여 개인이 물건을 파는 공간이었다. 상인들도 물개 발톱으로 만든 악세사리나 삭힌 상어 등 아이슬란드 특산품을 판매했다. 그러다가 외국인이 늘어나면서 다양한 국적의 이주민들이 각자의 나라에서 들여온 저가 상품들을 팔기 시작했다. 현지 제품과 이국적인 물건들이 섞여 콜라포르디드 벼룩시장에는 생동감이 넘친다. 시골 할머니들은 직접 짠 듯한 로파페이사를 팔고 말린 생선(하르드 피스크) 냄새를 맡으며 커피에 클레이나(아이슬란드식 도너츠)를 즐겼던 이곳은 이제 조잡한 네온 간판이 번쩍이고 초코파이도 살 수 있는 곳이 되었다. 있을 건 다 있고 없는 건 없는 주말 시장이다.

● Tryggvagötu 19, 101 RVK | 토-일 11-17시

헤르텍스 HerTex

헤르텍스는 구세군에서 운영하는 중고 상점으로 기부 물품을 싼 가격에 판매한다. 수익금은 노숙자와 빈민을 위한 구세군 사회 봉사 기금으로 사용된다. "찾는 이가 발견한다Sá finnur sem leitar"라는 태그처럼 나에게 쓸모없는 물건이 남에게는 기쁨을 주는 것이 될 수 있다는 모토로 운영하고 있다. 학생 시절 친구들과 어울려 드레스 헌팅을 하던 곳이기도 하다. 이번 여행에서는 이곳에서 양털실로 수를 놓은 고운 쿠션을 장만했다.

● Garðarstræti 6 | 월-금 11-18시

고디 히르디린 Góði hirðirinn

고디 히르디린은 레이캬비크를 포함한 5개 수도권 도시의 쓰레기 및 고형 폐기물을 처리하는 업체 소르파SORPA Regional Partnership Company가 운영하는 재활용 센터다. 소르파로 기부되는 물건들은 분류 단계를 거쳐 이곳으로 온다. 아이들 장난감부터 식기, 장식품, 전자제품, 자전거, 서랍장, 소파, 침대까지 다양한 중고품들이 전시되어 있다. 생필품을 싸게 장만할 수 있어 막 독립한 청년들이나 신참 이민자들에게 특히 사랑받는 곳이다. 안목만 있다면 북유럽 희귀 아이템을 장만할 수 있는 보물창고이기도 하다.

● Fellsmúla 28 | 월-금 12-18시, 토 12-16시

음식

아시아 식품점

이번 여행에서 우리는 비용을 아끼려고 아침, 저녁은 집이나 숙소, 텐트에서 해결했다. 한국 사람 입맛을 포기할 수 없어 직접 겉절이를 만들기도 했다. 간단한 오트밀과 맛있는 김치만 있어도 하루를 든든하게 시작할 수 있었다. 장기 여행자라면 아시아 식품점에 가 보자. 고추장, 된장, 김치, 김, 일본 쌀, 라면 등 한국인 입맛에 맞는 다양한 식재료와 인스턴트 음식을 구할 수 있다. 운이 좋으면 떡볶이 떡을 만날 수도 있다. 고춧가루만 한국에서 챙겨간다면 아이슬란드산 배추로 겉절이를 담는 것도 이색 체험이 될 것이다.

● 베트남 마켓 Vietnamese Market | Suðurlandsbraut 6 | 월-금 11-18시, 토, 일 12-18시
● 마이 타이 Maí Thaí | Laugavegur 116 | 월-토 11-20시
● 다이 팟 아시안 슈퍼마켓 Dai Phat Asian Supermarket | Faxafeni 14, 108 Rvk

크릿레이인 혀르투 Kryddlegin Hjörtu

저렴한 가격으로 양껏 배를 채울 수 있는 유명 맛집이다. 점심 샐러드 부페와 정성껏 만든 여러 가지 수프를 1,890크로나에 즐길 수 있다. 탁 트인 실내는 인도풍의 소품으로 장식되어 있다. 다소 짠 것이 흠이지만 살사 수프, 인도식 치킨 수프, 당근 수프, 야생버섯 수프, 양고기 수프까지 재료가 꽉 찬 수프들을 낸다. 그러나 단언컨대, 크릿레이인 혀르투에서 최고는 후무스다. 숟가락째 퍼먹어도 맛있고 빵이나 샐러드와도 아주 잘 어울린다. 후무스 외에도 병아리콩이나 검정콩 샐러드도 맛있었다.

● Hverfisgata 33, 101 Rvk | 월-수 11:30- 21시, 목 11:30-22시, 금-토 17-23시, 일 17-22시

토미스 버거 조인트 Tommi's Burger Joint

2004년 토마스와 두 아들이 시작한 수제 버거집이다. 최고급 고기를 미국식 그릴에 구워 낸다. 토미의 수제 버거는 개시하자마자 레이캬비크 시민들에게 열렬한 사랑을 받았다. 아이슬란드 내 7개 지점이 있고 베를린, 런던, 덴마크 오후스에도 지점이 있다. 본점인 게이르스가타 지점은 홀에서 주방을 들여다볼 수 있다. 엉성해 보이는 철망을 창문 삼아 주방과 홀을 구분한 가벽에는 종이에 쓴 메뉴와 드로잉들이 어지럽게 붙어 있다. 천장을 밝히는 알전구들 아래 디스코텍 볼이 매달려 있고 오래된 포스터와 아이들의 앙증맞은 그림도 장식해 놓았다. 사장 아저씨 토미의 캐리커처를 보니 손맛이 살아 있는 버거를 닮은 듯도 하다.

- Geirsgötu 1, 101 Rvk | 월-일 11:30-21시
- 오퍼 오브 더 센츄리(버거, 감자, 탄산음료) 1,890크로나, 베지버거 1,090크로나

프레스코 Fresco

직장인들이 애용하는 샐러드 식당이다. 12가지 기본 메뉴에 원하는 샐러드와 드레싱을 선택할 수 있다. 칠리 빈, 완두콩, 퀴노아, 아보카도, 후무스, 나초, 캐슈넛, 올리브, 할라페뇨 등 다양한 재료를 입맛에 따라 골라 먹는다. 나는 기본 메뉴 중 하나인 프레스코 오리엔탈(1,790크로나)를 주문했다. 시금치와 케일을 베이스로 하고 닭고기, 망고, 완두콩, 붉은 양파, 파프리카, 브로콜리, 땅콩, 참깨를 보울에 담아 섞은 후 잘게 잘라 스파이시 드레싱을 뿌렸다. 한 사람 양으로는 많다 싶게 풍성하다. 현지인들의 점심 메뉴가 궁금하다면 한번쯤 들러볼 만한 곳이다.

- Suðurlandsbraut 4 | 월-일 11-21시

9박 10일 캠핑하며 링로드 일주하기

스라스타룬두르 Þrastalundur, Grímsnesi 801 Selfoss

감물라스미디얀 Gamlasmiðjan

아이슬란드 일주는 레이캬비크에서 출발하여 시계 방향으로 하거나 반시계 방향으로 하거나다. 우리는 반시계 방향을 택했다. 1번 도로를 타고 남부로 이동하여 동부, 북부, 서부를 거쳐 다시 레이캬비크로 돌아오는 일정이다. 레이캬비크에서 크베라게르디 마을을 지나 남부로 가다가 1번 링로드의 분주함이 싫어 옆길로 빠졌다. 1번 도로와 만나는 35번 도로를 타고 플루디르로 이동하는 경로다.

35번 도로는 얼부사우Ölfusá 강을 따라 내륙 쪽으로 이동하는 도로다. 아이슬란드의 첫 정착민 잉골부르가 묻혔다고 전해지는 잉골브스팟들(Ingólfsfjall, 잉골부르의 산)과 얼부사우 강 사이에 스라스타룬두르 숲이 있다. 숲 바로 옆으로는 소으Sog 강이 흐른다. 이 강은 싱발라바튼 호수에서 시작해 남쪽의 크비타우Hvítá 강과 만나 얼부사우 강이 된다. 소으 강은 바다와도 이어져 있어 연어와 숭어를 잡을 수 있다. 숲길을 따라 강변 풍경을 잠시 감상한 후 최근 재정비하여 다시 문을 연 피자집 감물라스미디얀을 찾았다. 유명 맛집이지만 피자 가격이 너무 비싸 커피만 주문하고 앉아 가게 인테리어와 스라스타룬두르 전경을 마음껏 즐겼다.

● 프리 마돈나 피자 Prima Donna 2,990크로나, 텍스 멕스 피자 Tex Mex 3,290크로나

현지인처럼 내멋대로 아이슬란드 여행하기

케리스 Kerið

스라스타룬두르에서 출발하여 플루디르로 이동한다. 5분쯤 가다 보면 케리스와 마주치게 된다. 우리는 지구과학 교과서에서 그대로 튀어나온 듯한 이 분화구를 보고 가기로 했다.

케리스는 탸른나르홀라르Tjarnarhólar 분화구 지대 북쪽 끝에 위치한 길이 270미터, 폭 170미터 크기의 분화구다. 약 6,500년 전 있었던 폭발로 화산 꼭대기가 거대하게 파여 만들어졌다. 다소 가파른 산책길을 따라 약 55미터 높이의 분화구를 내려가면 깊이 7-14미터의 호수가 있다. 등산화를 신었다면 호수 아래까지 난 길을 따라 내려가 보자. 적색 화강암을 밟으며 옥색빛 호수 주변을 걷는 재미가 쏠쏠하다. 케리스는 여름이면 하루 천여 명의 관광객이 몰려드는 유명 관광지다. 이곳은 사유지라 길 정비를 비롯한 관리를 개인이 책임지고 있어서 성인 400크로나의 입장료를 받는다. 아이는 무료다.

플루디르 Flúðir

지열 지대에 위치한 플루디르는 주민이 394명에 지나지 않는 작은 마을이다. 하지만 여느 마트에 가든 만날 수 있는 플루디르 버섯으로 유명한 곳이다. 아이슬란드 남부 최대 관광지 게이시르Geysir나 굴포스Gullfoss에서 30분 거리다. 우리는 아이슬란드 최고령 수영장을 개조한 시크릿라군과 플루디르 근처 자연 온천 흐루나뤄이그 때문에 플루디르를 방문했다.

미니릭 에티오피아 식당 Minilik

플루디르에서 의외의 기쁨을 준 아이슬란드 유일의 에티오피아 식당이
다. 2011년에 문을 연 미니릭은 주인장 부부가 직접 요리하고 서빙한다.
에티오피아에서 향신료를 공수해 와 전통 에티오피아 요리를 선보인다.
모든 요리에는 '인제라'injera라는 에티오피아식 플랫브레드가 함께 나온다.
가격은 2천-3천 크로나로 합리적이다. 실내는 에티오피아 소품과 커피
용품으로 장식했다. 마늘과 생강향이 가득한 미니릭은 한국 사람이라면
대기 시간이 아무리 길어도 발길을 돌리기 힘들 것이다(예약 필수).

- 845 Flúðum | Tel: 846 9798 | 화-금 18-21시, 토-일 14-21시
- 퀘이 웨트 (양파, 마늘, 생강, 후추, 버터 등으로 맛을 낸 쇠고기 스튜) 1,995크로나
  미셰트 아비시 (잘게 자른 쇠고기를 갖은 양념과 허브로 졸여 만든 요리) 1,995크로나
  미니릭 채식 컴비네이션 (미니릭만의 소스로 렌틸콩, 옐로우콩, 병아리콩 등을 요리한 채식 메뉴) 2,250크로나

스코아포스 Skogafoss

플루디르에서 소소하게 즐거운 시간을 보내고 다시 출발. 동부로 가려면 관광객들이 많은 남부를 거치게 된다. 남부는 1주 정도의 일정으로 아이슬란드를 찾는 관광객들이 가장 선호하는 지역이다. 그중에서도 무지개가 뜨는 것으로 유명한 스코아포스는 필수 코스로 알려져 있다. 무지개의 끝을 찾는 동화 속 주인공들처럼 사람들은 카메라를 들고 활보한다. 스코아포스 앞은 거대한 주차장을 방불케 했다. 그날 무지개는 보지 못했다. 대신 더 신기한 것을 보았다. 침대가 20개 이상 장착된 초대형 관광버스였다.

다시 길을 떠나기 전 커피를 마시러 스코아포스 호텔에 갔는데 인심 박한 서비스에 실망했다. 그 대신 젊은 아이슬란드 부부가 운영하는 미아 피시앤칩스Mia's Country Grill에서 잔뜩 찌푸린 인상을 펼 수 있었다. 미아는 아내의 애칭이다. 푸드트럭이지만 자신의 이름을 내걸 만큼 뜨겁게 튀긴 150그램의 대구와 감자가 아주 훌륭했다. 1인분에 2천 크로나로 싸지는 않지만 간식으로 둘이 나눠 먹을 만한 양이었다.

바트나요쿨 Vatnajökull, 요쿨살론 Jökulsárlón

스코아포스를 떠나 1번 도로를 따라 남부를 그대로 통과했다. 유명 관광지들을 획획 지나쳐 우리는 바트나요쿨 국립공원에 이르렀다.

유럽 최대 빙하인 바트나요쿨은 멀리서 바라보기만 해도 경이롭다. 우리는 링로드 한편에 차를 세워 장관을 감상했다.[12] 깊이가 400~1,000미터나 되는 거대 만년설이 8,000제곱미터 면적에 펼쳐져 있다. 만년설이란 여름에 녹는 양보다 겨울에 쌓이는 양이 많은 눈을 말한다. 쌓이는 눈은 아래로 깔릴수록 머금고 있던 공기를 뱉어내며 압축되어 얼음이 된다. 눈은 압축될수록 흰색을 잃고 푸른색을 띤다. 빙하에서 푸른빛이 나는 이유다. 이 거대 빙하를 중심으로 북쪽 요쿨사우르글루브루까지가 바트나요쿨 국립공원으로 지정되어 있는데 아이슬란드 전체 면적의 약 13%를 차지할 만큼 거대하다. 거대 빙하는 그 무게에 의해 위에서 아래로 흘러 내려가는데 이런 빙하들은 이름이 각각 있다. 저지대로 내려오는 빙하 자락은 빙하혀Glacier tongue라고 부른다. 스타워즈에 비유해 보면 바트나요쿨은 전함, 수많은 빙하혀들은 모함에서 나오는 전투기들쯤 된다. 바트나요

---

12 흑야가 짙은 아이슬란드에서 후미등과 전조등을 켜지 않고 도로 가장자리에 정차하는 것은 아주 위험하다. 차와 자신의 존재를 알리는 유일한 수단이므로 정차할 때 꼭 기억하자.

쿨 국립공원 입구에서 우리를 반기는 장엄한 빙하도 바트나요쿨의 빙하혀 중 하나인 스케이다르아우요쿨Skeiðarárjökull이다.

바트나요쿨 빙하에서는 다양한 액티비티를 할 수 있다. 물론 산과 빙하를 잘 아는 가이드와 반드시 함께 해야 한다. 하얗고 파란 빙하 위에서 등줄기에 땀이 흐르는 걸 경험할 수 있는 빙하 하이킹, 천장까지 푸른 얼음이 덮혀 있어 애니메이션 〈겨울왕국〉이 떠오르는 얼음 동굴 체험 등이 있다. 스카프타펠Skaftafell 방문자 센터에서 안내를 받으면 된다.

빙하혀 감상을 마무리하고 우리는 넓게 펼쳐진 검은 평야 위의 다리를 지났다. 바로 스케이다라우르산두르(Skeiðarársandur, 스케이다르 강 모래라는 뜻)로, 스케이다라우요쿨 빙하가 만든 거대 퇴적평야다. 빙하의 말단에서 흘러나오는 융빙수 하천이 퇴적물을 빙하 전면에 쌓아 2차 퇴적평야를 형성한 것이다. 바트나요쿨 빙하 밑에 숨은 화산이 폭발할 때마다 빙하강

스케이다라우는 검은 모래의 퇴적 평야로 범람한다. 이때 모래로 된 강바닥이 마구 파혜쳐지니 스케이다라우르산두르는 아이슬란드에서 기깅 다리를 놓기 어려운 지역이다. 1974년 7월 14일에 이곳에 904미터의 아이슬란드 최장 다리가 놓여 아이슬란드 링로드가 완성되었다. 그런데 1996년 바트나요쿨 아래 위치한 그림스봇 화산Grímsvötn이 분출하면서 초당 5만 3천 입방미터의 물이 범람했다. 이때 다리가 무너져 약 1조 크로나의 피해를 입었다고 한다.

우리는 바트나요쿨 국립공원 방문자센터 스카프타펠에서 약 40분 거리인 요쿨살론Jökulsárlón을 향해 바로 달린다. 한여름인데도 거친 비바람이 우리를 맞았다. 요쿨살론은 빙하에서 떨어져 나온 유빙들이 바다로 떠나기 전에 잠시 머물다 가는 석호(빙하 라군)다. 바트나요쿨의 빙하혀 브레이다메르쿠르요쿨Breiðamerkurjökull에서 떨어져 나온 천년 유빙들이 유영하고 있다. 얼음이 갖가지 모양으로 깨지기 때문에 요쿨살론은 항상 새로운 모습을 보여준다. 얼음과 빛이 만나 오묘한 파랑을 만들어 낸다. 겹겹이 쌓인 얼음 속에서 파란 빛이 터져나오는 듯하다. 여러 번 보았어도 볼 때마다 경이로운 장관이다.

안타깝게도 요쿨살론은 지구 온난화로 빠르게 변화하고 있다. 브레이다메르쿠르요쿨 빙하는 매년 약 28미터씩 내륙 쪽으로 후퇴하고 있다. 소빙하기(1300-1850년) 동안 덩치를 불렸던 빙하가 최근 급격하게 줄어들고 있어서다. 대신 호수는 매년 커진다. 요쿨살론은 1970년 이후 4배 가까이 커져서 18제곱킬로미터에 이르며 이제 아이슬란드에서 가장 깊은 호수(248미터)다.

더욱 안타까운 것은 요쿨살론이 커지면서 호수가 아닌 피오르가 된다는 것이다. 호수 끝자락에 있는 다리만 건너면 바로 북대서양이 맞닿아

있다. 현재 호수와 대서양과의 거리는 불과 1.5킬로미터다. 이 호수는 민물과 해수가 섞여 있어 바다고기와 물개들이 쉽게 관찰된다. 여름이라 바다새들도 많이 보인다. 극제비갈매기Arctic Tern, 목테갈매기Sabine's Gull들이 유빙 하나를 새까맣게 뒤덮고 쉬고 있다. 호수가 피오르가 되면 밀려드는 파도에 천년 유빙들은 쉴 곳을 잃을 것이다. 호수 끝자락에 있는 다리도 바다를 감당할 수 없을테다. 다음 세대에서는 페리를 타고 요쿨살론을 건너야 할지도 모를 일이다.

석호를 따라 흘러내려간 유빙들은 대서양과 만나기 전, 해변에서 잠깐 숨고르기를 한다. 까만 해변에 앉은 유빙들은 유난히 투명하다. 하얀 파도에 모서리가 깎이고 빛은 비정형적으로 반사되어 다이아몬드처럼 빛난다. 눈부신 얼음들은 그 존재가 위태로운만큼 아름답다.

페트라의 돌 박물관 Petra's Stone and Mineral Collection

세이디스퀴르두르 마을을 향해 계속 동부로 이동한다. 야생의 아이슬란드에서는 포유류를 쉽게 찾아볼 수 없다. 육지에는 인간을 제외한 생쥐, 쥐, 토끼, 밍크, 북극여우 등 7종의 야생 포유류가 살고 있지만 덩치가 작은 종들이라 이들을 관찰하기는 굉장히 어렵다. 동부에는 야생 순록이 있는데 멀리서나마 순록 무리와 맞닥뜨리길 바라 볼 일이다. 아이슬란드 사람들은 동물 대신 화산이 만든 돌들에게 애정을 돌렸다. 일반인들도 다양한 광물을 쉽게 구별하며 아이슬란드 어디를 가나 돌 콜렉션이나 전시를 볼 수 있다. 이중에서도 특히 돌 사랑으로 유명한 사람이 있으니, 한 평생 돌을 찾아 동부 스터드바표르두르Stöðvarfjörður 지역을 훑으며 수집한 페트라 할머니다.

페트라의 돌 박물관은 할머니가 1946년부터 수집한 돌들을 전시하고

있다. 한 여성이 수집했다고 믿기 힘들 정도의 방대한 양이다. 돌로 가득찬 페트라의 집은 조금씩 입소문을 타기 시작했고 1974년 할머니는 대문을 활짝 열었다. 저녁 식사 중이라도 손님이 찾아오면 맞아들였다고 한다. 할머니가 세상과 작별한 지 4년이 지났지만, 저녁 식사도 제대로 못 하며 손님을 맞아야 했던 할머니의 후손들은 여전히 돌 박물관을 운영하고 있다.

정원에는 짧은 여름을 즐기는 꽃들 사이로 벽옥, 흑요석, 크리스탈, 오팔, 방해석, 형석, 아라고나이트 등이 전시되어 있다. 눈길을 끄는 것만 보는데도 양이 어마어마하다. 칠흑 같은 천연유리 흑요석은 내가 까만 돌을 들여다보는 것인지 까만 거울에 비친 나를 보고 있는 건지 헷갈린다. 정원 한편에 마련된 통나무집에는 할머니를 소개하는 글과 수집한 펜들이 전시되어 있다. 수집이 취미였던 할머니는 해변에서 주운 조개껍데기, 소라, 펜, 컵, 작은 물건들을 많이 모았다.

이 집은 광물 전시장, 카페, 기념품점, 할머니의 방 등으로 나뉘어 있다. 먼지를 타지 않도록 돌은 유리장에 보관한다. 유리장을 들여다보면 할머니의 엉뚱한 유머 감각이 느껴진다. 전 아이슬란드 대통령 올라부르 그림손에게서 받은 훈장을 박제된 작은 앵무새와 함께 진열했다. 속이 빈 거대한 크리스탈에는 트롤을 닮은 감자 인형이 후광을 받으며 누워 있다. 박제도 많다. 백조, 북방가넷, 여우, 지빠귀, 물개, 까마귀 등이다. 또 할머니의 침실이 그대로 보존되어 있다. 방에는 개인 물건과 가족 사진이 가득하다. 부엌에서는 종종 손님들에게 커피를 대접한다. 후한 인심 덕분인지 이 박물관은 언제나 많은 사랑을 받고 있다.

● Fjarðarbraut 21, 755 Stöðvarfirði | Tel: 4758834 | 월-일 9-18시 | www.steinapetra.is

세이디스표르두르

비스트로 스카프트펠 Bistro Skaftfell

앞에서 소개한 룽가 페스티벌에 참여하기 위해 우리는 세이디스표르두르 마을을 찾았다. 도착한 날 룽가 페스티벌을 즐긴 뒤, 다음날은 천천히 마을 산책에 나섰다. 하얗게 빛나는 햇살에 마을 건물들이 더욱 예뻐 보이는 좋은 날씨였다.

스카프트펠 비스트로는 동부의 대표 문화센터 스카프트펠에서 운영하는 식당이다. 벽에는 스위스 출신 예술가 겸 그래픽 디자이너 디테 로스의 원화가 걸려 있고, 한쪽에는 보드게임, 예술 서적, 색칠 도구 등을 놓았다. 우리는 보드게임을 하며 느긋한 커피 타임을 가졌다. 이 집 피자는 세이디스표르두르의 명물로 소문이 나 있다. 서빙을 시작하는 정오가 가까워지니 관광객과 주민들이 하나 둘 자리를 잡는다. 사람들이 많아져서 우리는 자리에서 일어나 마을 산책을 마저 하러 나섰다.

● Austurvegur 42, 710 Seyðisfjörður | 월-일 8-22시 | skaftfell.is/bistro

노르딕 레스토랑 Nordic Restaurant

노르딕 레스토랑은 호텔 알다Aldan에서 운영하는 명실상부 세이디스퓨르두르 최고의 맛집이다. 전통 아이슬란드식 요리에 프랑스, 덴마크, 이탈리아식의 요리를 접목하여 선보인다. 신선한 재료를 중요시하여 로컬에서 식재료를 조달한다. 마을 어부가 잡은 생선으로 준비하는 오늘의 생선 요리(2,600크로나)를 주문했다. 아이는 쇠고기 채끝 스테이크(2,900크로나)를 주문했다. 한국의 패밀리 레스토랑보다 저렴하다. 식사도 훌륭했지만 커피와 함께 한 프랑스식 초콜릿 케이크가 최고였다. 초콜릿 퍼지 브라우니처럼 진한 프랑스식 케이크는 이번 여름 아이슬란드에서 맛본 후식 중 단연 챔피언이었다.

● Norðurgata 2, 710 Seyðisfjörður | hotelaldan.is/nordic-restaurant

아쿠레이리 Akureyri

아쿠레이리 식물원 Akureyri Public Park & Botanic Garden

세이디스표르두르를 떠나 북부로 이동하여 아이슬란드의 두 번째로 큰 도시 아쿠레이리에 도착했다. 레이캬비크와 수도권 지역을 제외한 아이슬란드에서 최다 인구(1만 8천 명)가 살고 있는 아쿠레이리에는 먹을 것, 볼 것이 다양하다. 욘과 아수타의 집에서 하룻밤을 편하게 쉰 다음날 아수타와 함께 아쿠레이리 마을 탐방에 나섰다.

아쿠레이리 식물원은 1912년 시대를 앞서갔던 5명의 여성이 설립한 아이슬란드 최초의 공원이다. 1957년에 식물원으로 확장한 이후 아쿠레이리 시가 관리하고 있다. 북방 기후에 적응할 수 있는 외래종을 실험하는 곳이기도 해서 아이슬란드 자연에서 볼 수 없는 다양한 식물들을 만날 수 있다. 다소 쌀쌀한 날씨였지만 외국 숲에서나 볼 수 있는 키 큰 나무와 형형색색의 꽃들이 추위를 잊게 해주었다. 아담한 파란 분수대에서는 동화책에서 튀어나온 듯한 금발 여자아이가 뛰어다니고 있었다. 카페 앞 잔디 마당에는 아이들이 하도 많이 타서 맨들맨들해진 나무가 있었다. 나도 아이와 나무를 타며 즐거운 시간을 보냈다.

● Eyrarlandsstofa | 6-9월 운영 | 월-금 8-22시, 주말 9-22시

현지인처럼 내멋대로 아이슬란드 여행하기

크리스마스 가든 Christmas Garden

유유자적 식물원 산책을 하고 나니 아쿠레이리에서 쓸 수 있는 시간이
얼마 남지 않았다. 아수타가 크리스마스 가든을 아쿠레이리 마지막 방문
지로 권했다. 서구 국가들이 그렇듯 아이슬란드에도 일년 내내 크리스마
스인 장소들이 있다. 레이캬비크에도 크리스마스 장식과 소품을 파는 상
점들은 있지만 이렇게 작은 마을처럼 꾸민 곳은 이곳이 유일하다. 크리스
마스 가든의 카페는 크리스마스까지 158일이 남았다고 알려준다.

크리스마스 가든 본 건물은 과자집 모양으로 만들었다. 밖에서는 1층
건물처럼 보이지만 넓은 지하 공간까지 있는 2층 건물이다. 1,2층 가득
158일을 앞당긴 크리스마스가 한창이다. 순록 박제부터 어두운 동굴 속

에 숨은 그릴라 트롤(13 율라드[13]의 엄마 트롤)까지 없는 게 없다. 대형 목제 호두까기 인형은 아이 키를 훌쩍 넘는다. 수염이 긴 산타 얼굴은 지역 국내가가 깎은 것이라고 한다. 기념품으로 골랐다가 한화로 32만 원에 달하는 가격을 듣고 재빨리 내려놓았다.

밖으로 나오면 북유럽 인테리어 소품과 식품을 파는 가게가 있다. 가게 옆 마당 한쪽에 "아이는 인생이라는 하늘에 뜬 별"이라는 문구가 보인다. 이어 "작은 아이를 바라는 소망은 별을 바라는 소망"이라는 문구도 있다.

● Sveinsbær, 601 Akureyri | 6-8월 10-21시, 9-12월 14-21시, 1-5월 14-18시

뵈이틴 Bautinn

뵈이틴은 아이슬란드 최고령 레스토랑 중 하나다. 안타깝게도 유명세만큼 음식이 맛있진 않았다. 베이컨, 후추치즈, 루콜라, 잘 구운 보라색 양파가 든 '생일 버거'(2,680크로나)는 단맛이 세서 풍미를 해쳤다. 오늘의 수프로 나온 채소 수프는 채소를 찾기 힘들었고 정성이 부족해 보였다. 뷔페식 샐러드바가 없었다면 제값을 하지 못한 한 끼였다(오늘의 수프+샐러드바 2,450크로나). 그래도 해산물로 맛을 낸 랍스터 수프(2,790크로나)는 훌륭했다. 해산물이 알차게 들어 있고 짜지 않아, 유명 랍스터 맛집에 비교해도 부족함이 없는 수프였다.

● Hafnarstræti 92, Akureyri | 여름 9-23시, 겨울 일-목 9-21시, 금-토 9-22시

---

13 아이슬란드의 산타클로스, 아이슬란드어로는 율라스베인Jólasveinn. 평상시 깊은 산 속에서 사는 트롤이다. 크리스마스 13일 전(12월 12일이 되는 밤)부터 엄마 트롤 그릴라의 허락을 받아 하룻밤에 한 트롤씩 사람들의 세상으로 넘어온다. 착한 아이들의 신발 안에는 귤이나 작은 선물을 남긴다. 한 해를 고약하게 보낸 아이들에게는 썩은 감자를 남긴다. 이렇게 13인의 율라드는 한 트롤씩 인간 세상을 떠나 크리스마스가 끝나는 1월 6일을 마지막으로 모두 산으로 돌아간다. 긴 크리스마스의 끝이다.

브린니야 아이스크림 Brynja Icecream

옛날식 우유 아이스크림을 맛볼 수 있는 가게다 레이카비크에서 옛닐릭 아이스크림을 파는 베스투르바이르 아이스크림 가게와는 달리 바닐라, 딸기, 초코 맛을 주문할 수 있다. 흐리고 쌀쌀한 날씨였음에도 반드시 맛보겠다는 의지를 불태웠던 곳이다. 크림보다는 우유맛이 진해 더 시원한 아이스크림이다.

● Aðalstræti 3, Akureyri | 월-일 12-11:30

레이루 네스티 Leiru Nesti

아쿠레이리식 핫도그는 보라색 양배추 절임이나 프렌치프라이를 속에 넣는다. 뷔이틴에서 특별히 주문한 버거가 웬지 전통 아쿠레이리식이 아닌 것 같아 마을 초입에 있는 드라이브스루 패스트푸드점을 다시 찾았다. 핫도그는 프렌치프라이와 양배추 절임 중 하나만 추가할 수 있다. 프렌치프라이를 넣은 핫도그는 감자튀김이라면 사족을 못 쓰는 이가 아니라면 '굳이?'라고 반문할 정도의 맛이었다. 묵직해서 배를 채우기엔 좋겠지만 그렇게 인상적인 맛은 아니다. 그 맛이 궁금한 독자들이라면 허기를 반찬 삼아 시식해 보길 권한다.

● Leiruvegi 600, Akureyri | 일-목 8-23:30, 금 8-24시, 토 9-24시, 일 10-23:30

스티키스홀무르 Stykkishólmur

원래 우리는 8박 9일로 캠프 여행을 계획했었다. 그런데 액티브한 체험을 했던 이스트 요쿨사우 강에서 구사일생하여 집으로 돌아오는 길에, 북부에서 서부로 내려오다가 스나이펠스네스Snæfellsnes 반도로 빠져 보고 싶은 유혹에 1박을 연장했다. 스나이펠스네스의 보석 같은 작은 마을 스티키스홀무르 때문이다.

수영장, 창고형 저가 마트인 보너스, 각종 호텔과 편의시설이 있는 스티키스홀무르는 서부 스타이펠스네스의 수도라고 불리는 마을이다. 아이슬란드 북서부 베스트피르디르(Vestfirðir, 영어로 West Fjords, 서부에는 다수의 피오르가 있어 표르두르의 복수형 피르디르로 불린다)로 가는 발두르Baldur 페리를 탈 수 있는 교통의 요지이며, 3천여 개의 섬이 가득한 브레이다표르두르Breiðafjörður 만을 즐길 수 있는 곳이기도 하다. 특히 스티키스홀무르는 19세기 목조 건물을 잘 유지하여 아름다운 마을로 손꼽힌다. 다채로운 색으로 옷을 입은 집들이 느긋하게 반겨 주는 시골 항구 마을이다.

라이브러리 오브 워터 Library of Water

어슬렁거리며 걷다 보면 이 작은 마을이 숨기고 있는 미술관을 만나게 된다. 라이브러리 오브 워터는 말 그대로 물을 보관하는 '도서관'이다. 미국의 시각예술가 로니 혼은 2007년 마을의 옛 도서관 건물을 구입하여 전시장으로 개조했다. 아이슬란드를 제2의 집이자 작업실이라 부르는 로니 혼은 젊은 시절 아이슬란드를 여행하다가 이곳과 사랑에 빠졌다. 작가는 아이슬란드와 미국에 생활 터전을 두고 아이슬란드의 자연과 사람을 주제로 작업한다. 아이슬란드 예술대학에서 외래 교수로 학생들을 가르쳤

던 로니 혼은 수업에서는 날카로운 비평으로 식은 땀을 흘리게 했던 무서운 선생님이었다.

작가는 자신이 사랑한 아이슬란드를 위해 스티키스홀무르 도서관을 전시장으로 개조했다. 전시장에는 두 개의 작업이 있다. 24개의 유리관이 도서관 바닥과 천장 사이에 세워져 있다. 지름 30센티미터, 높이 3미터의 투명한 유리관에는 빙하수가 가득 채워져 있다. 로니 혼은 아이슬란드 전역을 돌아다니며 24개의 빙하에서 얼음 덩어리를 채취했다. 가까운 스나이펠스요쿨에서부터 멀리 에이야밧가요쿨Eyjabakkajökull까지 2년 남짓 모은 얼음이 한자리에 모여 진경을 만들었다. 천 년도 넘은 빙하들이다. 창문 너머 보이는 마을과 바다가 빙하수 기둥들에 여러 개로 비춰진다. 사람도 물기둥에 반사되어 하나가 되었다 여럿이 되었다 하는 모양이 스티키스홀무스 주변에 펼쳐진 수많은 섬들을 닮았다.

이끼색의 바닥은 텍스트 설치 작업이다. 푹신푹신한 고무 재질의 바닥에 단어들이 있는 듯 없는 듯 곳곳에 박혀 있다. Dyntótt(변덕스러운), rysjótt(축축하고 바람 부는), blíð(날씨가 따뜻한), slarkfært(준비된) 등이다. 천천히 단어를 하나씩 찾아 보고 있자니 왠지 아이슬란드의 변덕스러운 날씨 한가운데 있는 듯하다. 도서관 입구 바로 왼쪽 공간에서는 로니 혼의 책 작업들을 볼 수 있다. 작가는 아이슬란드 전역을 다니며 사진을 찍고 글을 썼다.

"눈꺼풀로 들어오는 밝은 햇살이 내 몸을 가득 채운다."

햇살로 채워진 작가의 몸은 졸리웠다. 낮잠을 자다 배 위에 커다란 갈색 바다새가 앉아 가슴팍을 쪼는 바람에 잠이 깨었다는 로니 혼의 텍스트에서 아이슬란드의 고요가 느껴진다.

아이슬란드 베스트피르디르와 스나이펠스네스 반도는 거의 평행으로 바다를 향해 뻗어 있어 거대한 만을 만든다. 폭 50킬로미터, 길이 125킬로미터에 이르는 거대한 브레이다르표르두르 만은 수심이 얕아 각종 바다 생물이 풍부하다. 다시마목의 켈프kelp, 덜스dulse 같은 해초부터 레이캬비크 해변에서는 찾아보기 힘든 갯지렁이도 있다. 가리비, 홍합, 성게, 쇠고둥, 거미게 같은 무척추 동물도 많다. 스티키스홀무르에서 출발하는 바다 투어를 이용하면 바다에서 바로 잡아올린 브레이다르표르두르산 해산물을 맛볼 수도 있다.

반나절을 투자하기는 곤란했던 우리는 동네 맛집 나르브에이라르스토바에서 브레이다르표르두르산 해산물을 먹는 것으로 만족하기로 했다. 오래된 목조 건물이 많은 동네답게 이 식당 역시 1906년에 지은 2층 목조 건물에 자리잡고 있다. 우리는 생선 요리와 해산물 파스타를 주문했다. 생선을 바싹 구워 먹는 한국식 입맛에는 덜 익혔다는 느낌을 줄 수 있는 요리였다. 해산물이 듬뿍 들어간 크림 파스타는 아주 맛있었다. 그린 샐러드를 리필해서 충분히 먹고도 후식이 들어가는 배는 따로 있다며 맛있는 초콜릿 케이크까지 주문했다.

- 3 Aðalgata, 340 Stykkishólmur | 월-목 11:30-24시, 금-일 11:30-25시
- 생선 수프&오늘의 생선 3,750크로나, 세 가지 생선 3,450크로나, 홀마린 버거 1,990크로나
  브레이다르표르두르산 해물크림 파스타 3,250크로나

스나이펠스네스 국립공원

스나이펠스네스 반도 서쪽 끝에 위치한 스나이펠스네스 국립공원은 아이슬란드 자연의 다채로운 특징을 오밀조밀하게 한데 모아놓은 듯해 아이슬란드의 정수를 보여주는 관광지로 평가받는다. 빙하, 열극fissure, 폭포, 자연 온천, 용암 대지lava field, 몽돌 해변, 이끼, 해안 절벽, 바다새, 동굴 등 그야말로 종합선물세트다. 레이캬비크에서 3시간 거리로 접근성도 뛰어나다. 남부를 선호하는 관광객들로 아직 붐비지 않은 '발견되지 않은' 보석 같은 곳이다.

우리는 스나이펠스네스 반도 북쪽에 위치한 스티키스홀무르를 출발해 스나이펠스네스 국립공원을 지나 남쪽으로 내려가기로 했다. 반도 해변을 따라 난 574번 도로 주변으로는 다양한 볼거리가 펼쳐진다. 그룬다표르두르Grundarfjörður 마을에 위치한 키르큐펠Kirkjufell 산은 영화 〈월터의 상상은 현실이 된다〉에 등장해 유명세를 탔다. 많은 이들이 키르큐펠 산 앞으로 멋지게 떨어지는 작은 폭포 두 개를 찾아 이 곳을 찾는다.

그룬다표르두르를 지나 계속 574번 도로를 타고 반도 서쪽 끝에 위치한 국립공원으로 들어간다. 스나이펠스네스 국립공원은 스나이펠스요쿨 빙하를 중심으로 북서쪽으로는 벳캬흐뤄인Bekkjahraun 용암 대지, 서쪽으로는 언드베르다르네스Öndverðarnes, 남서쪽으로는 듀파론스산두르Djúpalónssandur 해변과 론스드랑가Lóndrangar 기둥 바위가 포함된 지역이다.

반도 서쪽 끝에 위치한 언드베르나르네스는 외진 지역이라 그런지 우리 외에 다른 이들을 볼 수 없었다. 언드베르다르네스로 가는 길은 젊은 용암 지대를 가로지르는 비포장도로다. 아직 이끼 하나 자리 잡지 못한 검은 용암은 매혹적이다. 바다가 보이는 스버르투로프트Svörtuloft 해안 절

벽에는 어둠을 밝히는 오렌지색 등대가 보였다. 등대 바로 아래 삭스홀스바르그Saxhólsbjarg 절벽에 여러 종류의 바다오리와 간께기들이 둥지글 틀고 있다. 이곳은 전 세계에서 큰부리바다오리uria lomvia를 관찰하기 제일 좋은 곳으로, 약 250쌍이 거친 돌 절벽을 집 삼아 살아간다. 지난 몇 해 동안 아이슬란드 전역에서 큰부리바다오리 개체 수가 감소했고 이곳도 예외가 아니다. 퍼핀도 한 마리 볼 수 있었다. 퍼핀 역시 해수면 온도 상승으로 개체수가 급격히 줄고 있다. 퍼핀 군락을 눈 앞에서 볼 수 있는 동북쪽 끝 마을 보르가표르두르 에이스트리Borgarfjörður Eystri에 들르지 못해 안타까웠는데 이 퍼핀 한 마리로 위안을 삼는다.

바다새 관찰을 마친 우리는 다시 차에 올라 반도 남쪽으로 이동했다. 다음 행선지는 듀파론스산두르 해변이다. 파도가 몽돌들을 쓸어 내는 소리를 듣기 위해 발이 푹푹 빠지는 해변을 걷는다. 파도와 몽돌이 부딪혀 내는 소리를 들으니 부모님이 계신 거제도 몽돌 해변이 떠오른다. 파도에 젖은 몽돌은 까맣다. 손바닥 위에 올려놓으니 유리처럼 반짝인다. 듀파론스산두르를 뒤로하며 이제 스나이펠스 국립공원과 작별한다.

아이슬란드에서 크리아라 불리는 극제비갈매기sterna paradisaea의 공격을 받아 보지 않고 돌아가면 서운하다. 극제비갈매기는 지구상에서 가장 멀리 이동하는 철새다. 매해 무려 7만 킬로미터를 날아 아이슬란드를 찾는다. 평지 풀숲에 둥지를 틀며 새끼 사랑이 유별나다. 조금이라도 다가가면 제트기처럼 무섭게 활공하여 사람을 공격한다. 실제로 머리를 쪼기도 하므로 반드시 머리 위로 보호용 막대기를 들어야 한다. 우리는 극제비갈매기가 많은 것으로 유명한 아르나스타피Arnarstapi를 찾았다. 아르나스타피 마을은 헬나르Hellnar까지 이어진 해안 절벽 산책길로도 유명한 지역이다. 우리는 마을 초입을 지나 풀숲으로 향했다. 차에서 내린 아이와 나는 극

제비갈매기들이 요란하게 비행 중인 풀숲으로 위험을 무릅쓰고 들어갔다. 한 마리가 찌르찌르 소리를 내며 날다 깍깍깍깍 짧고 빠르게 길리대며 머리 위로 급하강한다. 뾰족한 부리가 무서워 목과 어깨가 잔뜩 웅크려진다. 그래도 얼굴은 웃고 있다. 적당히 스릴을 즐기고 풀숲을 빠져나왔다.

아르나스타피에서 내륙 쪽으로 스나이펠스요쿨 빙하가 자리를 잡고 있다. 우리가 찾은 날은 산중턱에 구름이 무겁게 걸쳐 있어 빙하는 모습을 감췄다. 빙하로 향하는 작은 F로드[14]들이 손짓하며 유혹하지만 다음을 약속하기로 했다. 산이 허락할 때면 절벽과 절벽 사이를 따라 난 길을 따라 산 깊숙이 들어가 볼 수 있는 뤼이드펠즈갸우Rauðfeldsgjá 열곡이나 하얀 해변이 펼쳐진 부디르Búðir에 가도 좋지만 역시 다음을 기약하며 스나이펠스네스 반도와 작별했다. 다음에 다시 찾는다면 《지구 속 여행 Voyage au center de la Terre》을 쓴 쥘 베른처럼 국립공원 구석구석을 누벼 보리라. 텐트로 베이스캠프를 만들고 이리저리 흩어진 하이킹 코스 위에서 길을 찾았다가 잃었다가 하기를 반복해 보고 싶다. 그렇게 헤매는 동안 스나이펠스요쿨 아래에 똬리를 틀고 있는 화산을 통해 지구 중심까지 내려간 소설 주인공처럼 지구의 거대한 에너지를 받을지도 모를 일이다.

---

14 F도로는 산이라는 아이슬란드어 Fjall을 붙인 길 카테고리다. 사륜구동의 지프들만 들어갈 수 있는 산길이다. 만약 사륜구동이 아닌 차량을 렌트했는데 F로드에서 사고를 당하면 보험이 적용되지 않는다. 비포장도로 F로드는 날씨가 허락하는 상황에서만 진입 가능하다. 특히 화산형 지형으로 토양이 무르고 침식이 쉬운 아이슬란드에서 F로드 밖으로 나가 임의로 운전하는 것은 절대 금물이다.

팁 속의 팁—캠핑여행을 마무리하며

9박 10일 동안 링로드 1,332킬로미터에 스나이펠스네스를 보너스로 추가한 일주를 마쳤다. 7월 한여름이었지만 대략 14도 안팎의 선선한 날씨였다. 첫날밤을 보냈던 플루디르에서는 강한 바람에 텐트가 들썩여 숙면을 취하지 못했다. 비크와 협에선 비바람이 몰아쳤다. 텐트가 쓰러지고 차가운 빗방울을 맞아야 했다. 원인과 결과가 정직한 야생에서는 어느 하나 저절로 얻어지는 것이 없었다. 텐트를 치는 일도 수고스럽고 커피 한 잔의 여유를 위해 바람과 싸워 가며 물을 끓여야 한다. 이렇게 얻은 지혜를 간단히 정리해 보았다. 캠핑이 가능한 여름 여행용 팁이다.

1.   따뜻하게 입으라: 아이슬란드식 아웃도어 복장 팁

이 섬나라는 날씨가 언제 어떻게 변할지 모른다. 바람 많은 아이슬란드에서 비는 아래에서 위를 향해 오는 것으로 유명하다. 실외에서 주로 지내는 캠핑에선 따뜻한 옷을 겹겹이 입어야 한다.

아이슬란드식 아웃도어 복장을 소개해 본다. 피부와 닿는 내의는 양모나 실크로 입는다. 부드러운 메리노울 내의는 더울 때는 열을 배출하고 추울 때는 열을 보존해 준다. 가느다란 원사를 여러 겹으로 짠 양모는 천연 방수 소재이기도 하다. 물을 맞아도 털어내면 보송보송하다. 아웃도어 전문매장 엘링센Ellingsen은 하이킹, 러닝, 스키 등 용도에 따라 골라 입을 수 있는 다양한 노르웨이 수입 양모 내의를 판매한다. 운이 좋아 세일 기간에 찾는다면 미국에서 직구하는 가격보다 싼 가격에 살 수 있다. 부가세를 환급받는 택스프리도 잊지 말자.

다음은 표면에서 열을 잃지 않도록 방수복을 입는다. 아이슬란드 산악 가이드들은 겨울에도 위 아래로 두꺼운 양모 내의 한 벌과 방수 등산복만 갖춰 입는다. 머리끝에서 발끝까지 완벽하게, 모자, 아우티, 방수 바지, 양모 양말, 고어텍스 등산화로 무장한다. 비가 오지 않았어도 풀숲 사이를 걷다 보면 바짓단이 이슬에 어느새 젖어 있다. 머리부터 발끝까지 방수복을 장착했다면 사방으로 펼쳐진 산과 들판에서 자유롭다. 앉든 눕든 자유다.

2.   하루에 한 번은 따뜻한 음식

바람과 싸우려면 뱃속에 따뜻한 것부터 넣고 하루를 시작하자. 우리의 아침은 항상 오트밀이었다. 물과 소금을 넣고 끓이면 되는 초간단 메뉴다. 견과류나 건포도를 넣어 빅녀도 맛있다. 김치를 챙겨가서 곁들이면 언제한 그릇을 비웠는지 모르게 뚝딱 없어질 것이다. 이렇게 먹은 후 커피를 내려 마시면 세상을 다 가진 듯하다. 일회용 바비큐 숯 역시 간단하게 따뜻한 저녁을 먹을 수 있는 좋은 도구다.

3.　　　캠핑 일주 중에는 중간 중간 반드시 여독을 푼다

인천 공항으로 가는 택시에서 기사님이 캠핑을 노숙이라고 표현하기에 맞장구를 치며 웃었다. 캠핑은 힘이 든다. 어느 것 하나 내가 수고하지 않으면 저절로 되는 게 없다. 작은 텐트에서 밖으로 기어나오자면 몸이 천근만근이다. 에어 매트를 깔고 침낭 속에 쏙 들어가 자는 게 재미있어 보이지만 푹신한 매트리스와 보송보송한 이불에 비할 수 없다. 따뜻한 실내에서 맨발로 걸어다니며 침대 위를 뒹굴거리는 하룻밤의 휴식이 반드시 필요하다. '이제껏 힘들었지?' 하며 자신을 달래 주어야 남은 여행을 재미있고 안전하게 마무리할 수 있다.

4.　　　엔터테인먼트를 준비하라

시민Síminn, 노바Noa, 보다폰Vodafone 등 통신사 매장에서 심카드를 구매하면 데이터 로밍 걱정 없이 인터넷을 사용할 수 있다. 카카오톡으로 한국과 통화도 문제없다. 하지만 하이랜드에서는 인터넷이 잡히지 않는다. 하이랜드를 지나던 그 순간 윤 작가가 챙겨온 아이팟은 월드와이드웹www보다 광활했다. 차량용 USB 포트도 필수 아이템이다. 캠핑장 서비스 센터는 운영 시간이 제한되어 있어 밤에 전자기기를 충전할 수 없는 경우가 많기 때문이다.

　아이와 함께하는 경우, 아이 입장에서는 오랜 시간 차에 '갇혀' 있느라 괴로울 수 있으니 장난감을 챙기자. 우리 아이에겐 주유소 마트에서 찾은

털실 하나도 좋은 장난감이 되어 주었다. 아이슬란드 학교에서 뜨개질을 배운 적이 있는 아이는 작은 손가락 세 개를 바늘 삼아 설렁설렁 뜨개질을 하며 놀았다. 털실로 예쁜 목걸이를 만들어서 엄마, 윤 작가, 아쿠레이리 할머니, 사이브뤄이트 할머니 목에 보석처럼 하나씩 걸어 주었다.

5.　　여독을 푸는 따뜻한 수영장

레이캬비크, 크베라게르디, 셀포스, 협, 아쿠레이리, 스티키스홀무르 등 지열 지대가 있는 마을이라면 어김없이 크고 잘 정비된 수영장이 있다. 지열이 나지 않는 마을은 전기로 데운 온수 수영장을 운영하는데 대체로 규모가 작고 실내에 있거나 운영 시간이 짧은 편이다. 입장료도 싸다. 성인은 800크로나, 아이(7-17세)는 공짜거나 220크로나 정도만 내면 된다. 입수 전에는 반드시 옷을 다 벗고 샤워해야 한다. 발가벗었다면 아무도 당신을 쳐다보지 않겠지만, 수영복을 입고 샤워를 한다면 끊임없이 눈총을 받을 것이다. 따끔하게 한마디 들을지도 모른다. 다 벗고 샤워한 뒤 수영복을 입는 게 아이슬란드 법칙이다.

특히 아이와 여행 중이라면 수영장은 최고의 놀이터다. 어린이용 놀이레일, 다이빙대, 워터 슬라이드에서 놀아도 좋고 그냥 노천탕에 둥둥 떠배꼽을 바라보며 '멍때리기'도 좋다.

6.　　자연 화장실

2015년 아이슬란드를 찾은 관광객은 무려 120만 명으로, 아이슬란드 전체 인구의 4배에 육박하는 숫자다. 집주인보다 손님이 많은 날이 매일 이어지다 보니 곳곳에 화장실이 부족하다. 마을이 없는 곳으로 나가면 "대변 금지" 팻말이 서 있는 '웃픈' 현실이다.

용무가 급한 관광객들은 야외에서 볼일을 보고 현장에 휴지를 남기는 사람들이 많다. 그렇게 버린 휴지가 바람에 흩날려 히이랜드를 날아다닌다. 그러나 아이슬란드는 여름에도 쓰레기가 빨리 분해되지 않는다. 북반구 대서양 중간에 위치하여 여름에도 기온이 높지 않을 뿐만 아니라 화산 활동으로 만들어진 대지에는 박테리아도 많지 않기 때문이다. 그러므로 담배꽁초나 비닐 봉지, 살균 처리가 된 화장지는 말할 필요도 없고 바나나 껍질도 그냥 버리면 곤란하다. 아이슬란드 사람들은 화장실이 없는 곳에서는 땅을 파고 용변을 본다. 이때 이끼나 식물들을 피해서 자리를 잡고 볼일을 본 다음 휴지는 태워버린다. 아무것도 남기지 않는 것이 원칙이다. 불을 피우기가 망설여진다면 휴지를 담을 비닐 봉투를 챙기시길.

7.   여유 있게 스마일!

심야에도 밝은 백야는 처음 겪는 이에게 괴로울 수 있다. 빛에 민감하다면 자도 잔 것 같지 않고 좀비 같은 상태가 된다. 거친 바람으로 제대로 잠을 이루지 못하는 날도 있다. 숙면을 취하지 못한 아침, 몸은 둔하고 얼굴은 굳어 있다. 얼굴 근육을 위아래, 좌우로 스트레칭해 보지만 다크 서클은 여전하다. 그래도 동행자들과 방긋 웃으며 아침 인사를 나누면 지난 밤의 변덕스런 날씨와 피로도 스르르 사라진다. 그러므로 아이슬란드 여행에서는 안대와 함께 미소를 필수로 챙기자.

　산책하다가 마을 사람들과 눈이 마주치면 미소를 보내 보자. 웃는 순간 저쪽에서도 웃음으로 나에게 화답한다. 궁금한 것을 물을 때나 필요한 것을 요청할 때는 여유를 가지고 미소로 인사를 시작하면, 상대도 느긋하게 대해 준다. 아이슬란드는 한국처럼 서비스 속도가 빠르진 않지만 한 박자만 늦추면 인간미가 느껴지는 서비스를 받을 수 있다. 나는 모든 것을 사전에 다 조사하고 준비해 가는 여행을 좋아하지 않는다. 날짜를 맞춰야 하는 일정이 없으면 여유 있는 여행이 된다. 대략의 일정만 세우고 그 지역 사람들에게 웃는 얼굴로 물어 보자. "이 마을 최고 맛집은 어디인가요?"

9박 10일 단기여행 경로

블런두오스

바르ㅁ

브레이다표르두르

스티키스홀무르

언드베르나르네스

스나이펠스요쿨
국립공원

랑요쿨

게이사르   굴포스

아크라네스

싱벨리르

모스펠스바이르

셀탸르나르네스

싱발라바튼

플루디르

레이캬비크

스라스타룬두르, 케리스

케플라비크

크베라게르디

셀포스

에이야팟들라요ㅋ

스코아

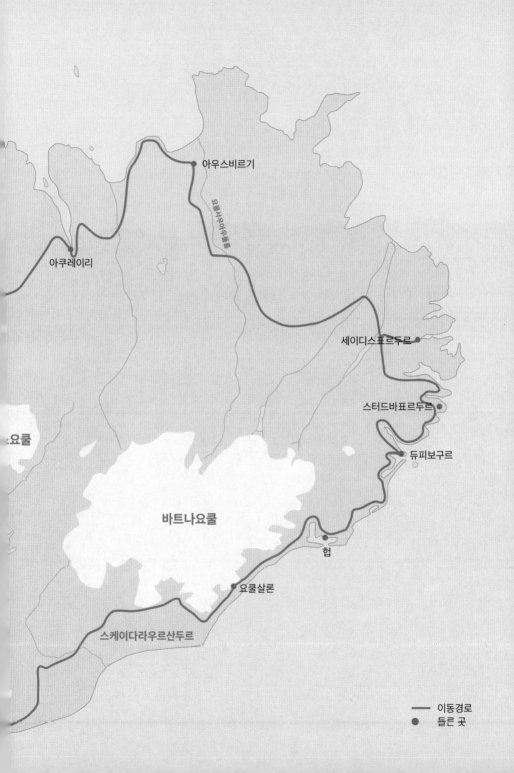

아우스비르기

아쿠레이리

요쿨사우아우롬룸

세이디스표르두르

스터드바표르두르

듀피보구르

바트나요쿨

요쿨

헙

요쿨살론

스케이다라우르산두르

이동경로
들른 곳

부록

아이슬란드에서 살아 보기

대한민국 여권을 소지한 사람이 3개월 이상 아이슬란드에 머물기를 원한다면 아이슬란드 이민국Útlendingastofnun (www.utl.is/index.php/en)에 거주권을 신청해야 한다. 거주권은 가족 재결합 거주권, 노동 연계 거주권, 대학 등 학업을 위한 거주권 등의 주요 카테고리가 있다. 문화 교류프로그램 등으로 현지인 결연 가족과 함께 거주하는 18세 이상 25세 이하의 청년들을 위한 오페어Au Pair 카테고리도 있다. 모든 거주권은 아이슬란드 입국 전 국외에서 신청하는 것이 원칙이다. 거주권은 일 년 단위로 발행된다. 4년 연속 아이슬란드에 거주했으며 세금을 낸 외국인이 아이슬란드어 능력 시험을 통과하면 영주권을 신청할 수 있다.

아이슬란드 정부의 노동 시장 규제 정책 때문에 노동 연계 거주권을 받기는 쉽지 않다. 유럽 외 지역에서 오는 외국인들에 대한 노동허가권이 노동자가 아닌 현지 고용주에게 발행되기 때문이다. 특히 아이슬란드 입국 전에, 노동권과 거주권을 신청해야 한다는 법 조항이 있어 더더욱 어렵다. 국외에 거주하는 외국인이 아이슬란드 직장을 찾기는 어렵기 때문이다. 도움의 손길을 내밀 현지인이 있다면 방법을 찾을 수 있다. 단기간 아이슬란드에 거주하면서 사회 관계망을 쌓는 일이 필요한 이유다.

다양한 교환 프로그램을 이용하여 몇 달 혹은 1년 정도 살 수 있는 방법이 좀더 현실적이다. 내가 1997년 ICYE 프로그램을 통해 처음 아이슬란드를 접했던 것과 유사한 방법이다. ICYE 프로그램은 지금은 별로 활발하지 않고, 대신 AFS International Programs(afs.org)를 추천한다. 좀 더 짧은 기간 동안 아이슬란드를 체험해 보고 싶다면 공유 경제 개념으로 노동과 숙식을 교환하는 워크어웨이Walkaway (www.workaway.info)도 활용해 보자.

대학에서 아이슬란드어를 제1외국어로 배우는 것도 거주권을 신청할 수 있는 좋은 방법이다. 연간 등록금 75,000크로나만 내면 아이슬란드 국립대학교University of Iceland(english.hi.is)를 다닐 수 있다. 아이슬란드 고등학교 졸업 시험과 동등한 수준 이상의 교육을 마친 이들이라면 누구나 지원할 수 있다. TOEFL 79, IELTS 6.5 이상의 영어 실력이 필요하다. 거주권이 있는 외국인 학생은 학기 동안 파트타임(풀타임 기준 40% 이하)으로 일할 수 있다. 방학 기간에는 풀타임도 가능하다. 이 경우에도 노동권 신청 시 특정 직장과 맺은 노동 계약서를 제출해야 한다.

아이슬란드어 발음

아이슬란드어는 한국어에 없는 발음이 많아 한글 표기도 어렵고 읽기도 쉽지 않다. 할 수 있는 한 현지 발음과 가깝게 아이슬란드어 대표 자모와 한국어 발음을 다음과 같이 소개한다.

1. 모음

단모음

자모	발음	아이슬란드어 예	
a	아	**tala**	탈라 (말하다)
e	에	**sveppur**	스벱푸르 (버섯)
é	예	**ég**	예그 (나)
i	이	**vindur**	빈두르 (바람)
í	이	**líka**	리카 (역시)
y	이	**flytja**	플리티야 (이사하다)
ý	이	**lýsa**	리사 (밝히다)
o	오	**sofa**	소바 (자다)
u	우	**sund**	순드 (수영장)
ú	우	**frú**	프루 (부인을 가리키는 호칭)
ö	어	**önd**	언드 (오리)

이중 모음

자모	발음	아이슬란드어 예	
á	아우	**á**	아우 (강)
ó	오우	**blóm**	블로움 (꽃)
æ	아이	**fræ**	프라이 (씨앗)

모음 조합

자모	발음		아이슬란드어 예
au	워이	**brauð**	브뤼이드 (빵)
ey/ei	에이	**eyra**	에이라 (귀)

2. 자음

아이슬란드어 자음 발음은 영어와 거의 비슷하지만 아래의 예외가 있다.

자모	발음		아이슬란드어 예
Þ þ	ㅌ 또는 ㅅ (영어의 [θ])	**Þór**	토르 (남자이름)
Ð ð	ㄷ (영어의 [ð])	**spaði**	스파디 (라켓)
J j	모음과 함께 쓰여 야(ja), 요(jo), 예 (je), 유 (ju), 요 (jö)로 발음	**já** **jökull** **björk**	야오 (긍정하는 '네') 요쿨 (빙하) 뵤르크 (비요크로 알려져 있는 싱어송라이터)
R r	ㄹ (오토바이 소리처럼 떠는 소리)	**Rúnar**	루나르 (남자 이름)
ll	ㅅ들 (혀가 입천장에 붙고 혀 양 옆에서 ㄸ 소리가 남)	**bill**	빗들 (자동차)
rl	르ㄸ (혀를 떠는 r과 l이 만나 소리가 막혀 ll와 유사하게 혀 양끝에서 소리가 남)	**Erla**	에르뜰라
hv	크ㅂ (h는 보통 'ㅎ' 소리로 읽으나 h 뒤에 v가 오면 k로 소리 남)	**hver** **Hveragerði**	크베르(온천) 크베라게르디(마을 이름)
g	ㄱ (ㄱ 소리가 나며 경우에 따라서 거의 묵음에 가까운 ㄱ 혹은 ㅎ 소리가 나는 경우가 있다)	**gola** **fluga** **dragt** **lygi**	골라 (살랑바람) 플루가 (파리) 드라흐트(여성 정장) 리이 (거짓말)
dd	ㄸ 또는 ㅅㄷ	**Oddur**	옷두르 (남자이름)
gg	ㄲ 또는 ㄱㄱ	**Maggi**	막기 (남자 이름Magnús의 애칭)

자, 그럼 이제 유난히 어려운 발음으로 영화 〈월터의 상상은 현실이 된다〉에까지 등장한 유명한 활화산 이름(실제로는 화산 위의 빙하 이름이다)을 마지막 예로 들어 보자. Eyjafjallajökull은 '에이야팟들라요쿨' 빙하가 된다. 인터넷에서 찾아 발음을 들어보면 정말 기상천외하다고 느낄 것이다.

아이슬란드 사람들은 왜 행복할까

초판 1쇄 발행	2017년 5월 10일
지은이	박혜정
사진	윤미미
발행인	임혜진
발행처	옐로브릭
등록	제2014-000007호 (2014년 2월 6일)
주소	서울시 용산구 독서당로6길 16, 101-402 (04410)
전화	(02) 749-5388
팩스	(02) 749-5344
홈페이지	www.yellowbrickbooks.com
디자인	디자인스튜디오 이김

ISBN 979-11-953718-7-7